설렁탕 마에스트로

한 그릇의 진심

하영호 지음

설렁탕 마에스트로
한 그릇의 진심

초판 1쇄 인쇄 2025년 6월 12일
초판 1쇄 발행 2025년 6월 16일

지은이 | 하영호
펴낸이 | 김경표
기획 | 박샛별
표지·내지 사진 | 고윤태
펴낸곳 | 영진피앤피
디자인 | 애드원커뮤니케이션
제작 | (주)뉴노멀 (02.2275.1508)
ISBN 979-11-965103-9-8

하영호
567ceo@naver.com
https://m.blog.naver.com/567ceo
https://www.facebook.com/hayeongho.533019

이 책은 저작권법에 의해 보호받는 저작물입니다.
저자와의 서면 허락없이 내용의 일부를 인용하거나 발췌하는 것을 금합니다.
필요에 따라 책 내용의 전부 또는 일부를 사용하시려면 반드시 저작권자와 양측의 동의를 받아야 합니다.

※ 책값은 뒤표지에 표시돼 있습니다.

추천사

양재동 집 근처에 신촌 설렁탕집이 생겼다.

아내와 함께 들어가서 설렁탕 두 그릇을 시켰다. 설렁탕은 아무런 꾸밈없이 담담하면서도 설렁탕 본래의 맛을 그대로 간직한 최고의 품질이었다. 과일로 양념된 김치와 깍두기의 맛도 단연 일품이었다.

식사를 마치면서 벽에 붙여진 식당의 소개서를 읽게 되고 그 주인이 30년 전 친숙히 지냈던 하영호 선생인 것을 알았다. 하영호 선생은 진실한 분이었다. 어떤 경우에도 조용한 미소로 사람들을 대하고 친절하고 따뜻한 마음으로 손님들, 종업원들을 대하고 있다.

하영호 선생에게서는 성실함, 겸손함, 최선을 다한다는 자부심과 확고한 신념이 있다. 하영호 선생은 설렁탕 마에스트로에 그치지 않고 인간 사회의 마에스트로라고 말할 수 있다. 모든 사람의 사랑과 존경을 받으시면서 큰 성취를 이루시길 빈다.

나는 일주일에 한 번씩 가서 국물 하나도 남기지 않고 설렁탕을 맛있게 먹으며, 바쁘게 움직이고 웃음으로 사람을 편하게 하는 하영호 선생의 건강과 행복을 빌고 있다.

이 수 성
전 국무총리

마케팅 교수이자 오랜 단골 고객으로 하대표님의 진정성과 전문성을 가까이에서 느껴왔습니다. 특히 2세도 경영에 참여하여 가업을 승계하고 있는 모습은 더욱 감동적입니다.

마케팅 관점에서 신촌설렁탕은 전통 한식의 브랜드 철학과 고객 중심 서비스로 장수 브랜드로서 지속성장할것을 확신합니다.

서 용 구
숙명여자대학교 교수

추천사

권훈정
서울대학교 교수

하영호 대표님은 "장사란 이익을 남기기보다 사람을 남기기 위한 것이다"라는 조선시대 거상 임상옥의 말을 좌우명으로 삼고 비즈니스에 임하고 계십니다. 그러나 실제 사업을 하고 계시는 분들은 이 말의 실천이 얼마나 어려운지 잘 알고 계실 것입니다.

하영호 대표님의 자서전을 읽어보면 단순한 외식업의 성공 스토리가 아닌, 끊임없는 도전과 인내를 통해 성장해온 진솔한 여정이 담겨 있습니다. 이 이야기는 인생을 살며 부딪혀 갈 젊은이들에게 힘이 될 것입니다. 마음과 정성이 성공을 이끌어 내는 과정을 경험과 에피소드를 통해 진솔하게 풀어내어 우리에게 다가오는 글입니다.

저는 하영호 대표님이 주경야독하시는 최고경영자 과정에서 뵙게 되었는데, 이 글이 주는 느낌처럼 꾸밈없이 온화하면서도 열정적인 분이셨습니다. 바쁜 사업 일정에도 불구하고 저녁 수업에 늦지 않고 참석하시고 열정적으로 논문 준비를 하시는 모습을 보면서 성공하는 사업가의 모습을 느낄 수 있었습니다. 이 글을 통해 그 젊은 시절의 모습을 확인하며 현재의 모습에 녹아 있는 하 대표님의 철학을 다시 한번 느낄 수 있었습니다. 독자들께서도 함께 하영호 대표님의 외식 철학에 대해 느껴보시길 바라며 이 책을 추천합니다.

CONTENTS

프롤로그 ··· 10

Part 1. 불이 붙다 : 열정의 시작

지독한 가난, 구멍가게 둘째 아들 ················· 16

콤플렉스는 나의 힘 ································· 20

일본 유학, 프랜차이즈에 눈 뜨다 ················ 23

신문사 영업과장, '맛잘알'이 되다 ··············· 27

사업의 든든한 버팀목, 고마운 그녀 ············· 31

Part 2. 뭉근히 끓이다 : 실패와 성공

'설렁탕의 어머니'를 만나다 ······················ 38

마음만 앞선 초보 사장, 대체 왜 안 될까? ······ 42

매일 전신주에 올라가는 남자 ···················· 48

작은 설렁탕 가게의 퀀텀 점프 ···················· 56

직영점을 포기한 이유 : 전수창업의 철학 ······ 71

청출어람, 남다르게 잘 된 매장들 ················ 82

뼈 아팠던 시행착오들 ······························ 95

Part 3. 풍성히 차리다 : 경영 철학

요령보다는 철학 ··· 106

경영 철학 1 – 손님 최우선주의 ······················· 108

경영 철학 2 – 식당 사장은 '마에스트로'여야 한다 ············ 117

경영 철학 3 – 배우고 배우고 또 배우라 ················ 124

경영 철학 4 – 프랜차이즈 사업가로서의 진심 ··········· 130

Part 4. 더 깊이 맛보다 : 탕반 음식의 세계

진한 국물에 밴 역사와 의미 ···························· 136

하영호 신촌설렁탕의 비법 1 : 도가니와 사골 ········ 154

하영호 신촌설렁탕의 비법 2 : NO-MSG 정책 ······· 159

변주가 아닌 연주, 탕반 기반의 메뉴 포트폴리오 ········ 163

설렁탕, 아직도 창업해도 될까? ·························· 173

CONTENTS

Part 5. 새롭게 끓이다 : 글로벌 진출과 비전

미국과 일본, 설렁탕으로 성공할 수 있을까? ················· 184

뜻하지 않은 기회, 이커머스 ································· 190

작지만 큰 실험실, 설렁탕 연구소 ···························· 194

Part 6. 부록

외식 창업가를 위한 50가지 체크리스트 ······················ 204

외식업 초보도 프로가 될 수 있는 4가지 전략 ················ 216

멘토를 만날 수 있는 교육 과정 소개 ························ 226

식당 사장이 꼭 가봐야 할 맛집들 ··························· 230

> 음식점은 단순한 공간이 아니다.
> 그것은 하나의 무대이며, 매일 공연이 펼쳐지는 극장이다.
> 나는 그 공연의 지휘자로 30년간 무대에 섰다.

프롤로그

"숲속에 두 갈래 길이 있었고,
나는 사람들이 적게 간 길을 택했다고.
그리고 그것이 내 모든 것을 바꾸어 놓았다고."

프로스트의 "가지 않은 길"이 제 닉네임입니다.

20대의 프로스트가 그랬던 것처럼, 35년 전, 대학 졸업을 앞두고 저 역시 인생에 대해 번민이 많았습니다. 세상에 내세울 만한 것이 하나도 없다고 느꼈고, 제 인생을 스스로 개척하기로 결심했습니다.

서른 살 때, 외식업에 첫발을 내디뎠고, 8년 후부터는 제법 그럴듯한 식당 사장이 됐습니다. 오로지 외식업 한 우물만 파며 달려온 지금까지 제 머릿속에는 '설렁탕' 세 글자밖에 없었습니다. 수십 년간 설렁탕이 제 삶과 머릿속을 지배했지요.

신사동의 18평 소규모 매장. 외롭고 외진 그곳에서 전단지를 뿌리고, 철가방을 메고, 음식을 배달하던 시절이 있었습니다. 남들을 배불리느라 내 식사는 거르기 일쑤였지요. 인생의 추운 계절이 지나고 어느덧 봄날이 찾아왔습니다.

그때나 지금이나 '좋은 음식과 건강한 음식'은 저의 일관된 신념입니다. 이제야 어떻게 하면 좋은 음식, 건강한 음식을 만들어 칭찬받을 수 있는지 알 것 같습니다. 특히 한국 전통 음식인 설렁탕과 곰탕은, 노령 인구가 급격히 증가하는 시대에 맞춤형 건강식으로 각광받을 수 있는 소울푸드(Soul Food)이자 보양식입니다. 한국 탕반 음식에 관심이 많은 분들에게도 이 책이 큰 도움이 되기를 바랍니다.

상(商) 즉(卽) 인(人), 인(人) 즉(卽) 상(商)
"장사란 이익을 남기기보다 사람을 남기기 위한 것이다."

장사를 통해 얻을 수 있는 최대의 이윤은 '사람'이며, 장사로 얻을 수 있는 최대의 자산은 '신용'이라는 소설 〈상도〉의 한 문장입니다. 조선시대 거상 임상옥이 남긴 이 글은 제 좌우명이자 장사의 가치가 되었습니다.

'절박함', '간절함'으로 한 분 한 분 손님을 소중히 여겼더니 성공이 다가왔습니다. 또 틈만 나면 저보다 앞서나가는 외식업 전문가를 벤치마킹하고 배운 것 역시 또 다른 비결입니다.

외식업을 하는 동안 불경기는 기본이었습니다. 게다가 메르스, 광우병, 코로나 등 늘 비슷비슷한 주기로 위기도 찾아옵니다. 그러나 이런 어려운 여건 속에서도 줄을 서서 먹는 음식점이 전국에 널려 있는 게 현실입니다. 왜 유독 줄 서는 집이 있을까요? 그것은 고객의 심리, 더 나아가 '마음'을 명확히 파악하고 있기 때문이라고 생각합니다.

이익을 보기 위한 상대로서가 아니라 고객에게 져주는 전략, 즉 "가성비"와 "가심비"가 있는 음식을 제공하며 고객을 진심으로 사랑하는 마음이 그 핵심입니다. 단순히 '맛'을 넘어 새로운 경험과 가치를 제공하는 데 온 힘을 집중해야 합니다.

고객이 문을 열고 들어오는 순간부터 식사를 마치고 매장을 나서는 순간까지 일거수일투족 불편함 없이 챙겨드리는 것이 진정한 맛집이자 단골 많은 음식점의 조건입니다.

친절한 서비스는 기본이며, 기대 이상의 고객 경험을 제공해야 합니다. 물론 맛은 여전히 가장 중요한 요소입니다. 하지만 단순히 먹을 만한 것을 넘어서 독창적인 맛과 차별화된 메뉴를 개발해야 합니다.

저는 그동안 식당을 운영해오며 전수창업을 통해 82호점을 오픈하는 등 성공과 실패를 여러 번 경험했습니다. 식당을 준비 중인 초보 사업가들과, 장사를 더 잘하고 싶은 분들에게 제 경험과 체험을 바탕으로 현장에서 쓸 수 있는 실용적인 대안을 제시하고자 합니다.

요즘은 외식업 교육기관이 많아 창업 환경이 참 좋습니다. 하지만 제가 걸어온 길은 순탄치 않았습니다. 외식인으로서 35년간의 파란만장한 길을 정리하고, 음식으로 간절히 성공하고자 하는 분들에게 조금이나마 도움이 되고자 이 글을 씁니다.

"겨울이 오면 봄도 멀지 않으리."
— 퍼시 비시 셸리

    그동안 우리 가족-장모님(故 최임선 여사), 아내 조필자, 자녀 성훈과 유라- 모두의 희생과 사랑 덕분에 여기까지 올 수 있었습니다. 가족의 든든한 뒷받침이 없었다면 지금의 저는 없었을 것입니다. 이 지면을 빌려 깊은 사랑과 감사를 보냅니다.

    그리고 언제나 신촌설렁탕을 찾아주시고 아껴주신 고객 여러분께도 진심으로 감사드립니다. 여러분의 따뜻한 관심과 성원 덕분에 신촌설렁탕은 오늘에 이르기까지 한 걸음 한 걸음 성장할 수 있었습니다. 더불어 이 책의 발간을 위하여 1년 동안 애써주신 총괄 기획자 박샛별 님, 출판사 이정수 대표님께도 진심으로 감사의 마음을 전합니다. 이 책을 읽으신 분들이 대박 식당의 꿈을 이루시길 기원합니다.

"부모님을 도와 어떻게든 돈을 벌 궁리를 해야했던 일들은 내 몸에 흔적처럼 남아 식당 사장의 DNA를 만들어냈다. 고마운 일이다."

Part 1.
불이 붙다 : 열정의 시작

- 지독한 가난, 구멍가게 둘째 아들
- 콤플렉스는 나의 힘
- 일본 유학, 프랜차이즈에 눈 뜨다
- 신문사 영업과장, '맛잘알'이 되다
- 사업의 든든한 버팀목, 고마운 그녀

지독한 가난, 구멍가게 둘째 아들

나에게 가난은 공기처럼 당연한 것이었다. 꽤 긴 시간, 우리 가족은 가난의 긴 터널을 지나야 했다. 단순히 못 먹고 못살았다는 것에 대한 이야기가 아니다. 음식이 부족했던 경험, 육성회비를 내지 못해 눈치 봤던 일, 부모님을 도와 어떻게든 돈을 벌 궁리를 해야 했던 일들은 내 몸에 흔적처럼 남아 식당 사장의 DNA를 만들어냈다. 고마운 일이다.

나는 경기도 이천에서 태어났다. 부모님은 충남 서산과 당진 출신이었지만 경기도 이천에서 사업을 하셨다. 사업이 잘됐던 시절도 있었으나 결국 실패하면서 가족은 경기도 화성의 우정면, 전기도 들어오지 않는 작은 마을로 이주해야 했다. 빈털터리가 된 부부가 뭘 할 수 있었겠는가. 그곳에서 부모님은 농사를 짓고 조각배를 띄우며 생계를 이어갔다.

어린 시절의 기억을 떠올리면 먹을 것이 귀했던 게 생각난다. 빈약한 밥상에는 보리밥과 감자, 고구마가 올라왔다. 그것도 양껏 먹지를 못했다. 간혹 부모님이 시장에서 사온 국화빵과 찐빵이라도 얻어먹는 날에는 하루 종일 행복했다. 그러니 뭔들 맛있지 않았겠는가. 1년에 한두 번이나 먹을까 말까 한 고깃국은 세상에서 가장 특별한 음식이었다.

삐쩍 말랐었던 어린 시절. 가난하고, 거칠었다.

나는 '하영호 신촌설렁탕'의 성공 비결이 미식가로서의 특별한 감각 덕분이라고 생각하지 않는다. 그저 대중적인 입맛, 평범하기 그지없는 것에서 모두를 만족하게 할 만한 맛을 이끌어내는 나만의 방법은 뭐든 맛있게 먹었던 내 어린 시절과 깊게 연관되어 있다.

우리 가족은 큰 아픔도 겪었다. 나보다 열 살 많던 형, 아버지처럼 나를 아껴주던 형이 사고로 갑작스럽게 세상을 떠났다. 흐릿한 기억이지만 그때 집안의 공기, 가족들의 표정이 생각난다. 가난과 상처로 점철되어 있는 화성에서는 더 이상 살 수가 없었다.

"서울로 이사 가자."

아버지의 결단은 가족 모두에게 큰 도전이었다. 새출발을 다짐하며 우리는 서울로 올라와 도봉동으로 이사했다. 하지만 서울 생활은 쉽지 않았다. 부모님은 방 한 칸짜리 구멍가게를 운영하며 하루하루를 버텼고, 나도 학교생활에 적응하기 어려웠다. 무엇보다 괴로웠던 기억은 육성회비 때문에 시달렸던 일이다. 그 600원이 부담스러워 초등학교 4학년을 10개월 동안 쉬었고, 5학년이 되어서야 다시 학교에 갈 수 있었다.

동네 어귀에 있던 작은 구멍가게. 제대로 된 매대 하나 없는 그 가겟방이 당시 우리 가족의 전부였다. 장사를 어떻게 잘할 것인가, 돈을 어떻게 벌 것인가에 대한 궁리도 없이 그저 버티기만 한 세월이었다.

장사다운 장사는 공교롭게도 내 아이디어로 시작됐다. 우리 가족이 운영한 세 번째 구멍가게에서의 일이다. 그 사이 아버지도 돌아가시고 어머니는 홀로 세 남매를 책임져야 하는 딱한 입장이 됐다. 당시 나는 중학교 2학년, 누나들은 처녀들이 다 된 터라 돈 들어갈 일도 천지였다.

'뭐 뾰족한 수가 없을까?'

어린 내가 생각하기에도 구멍가게 매출로는 네 식구 먹고살기가 턱없이 부족했다. 동네에서 필요한 물건들이 다 거기서 거기여서 파는 물건도 늘 비슷했고 손님도 한정적이었다. 그때 내 눈에 띈 것이 바로 오락실 기계였다. 당시는 오락실이 이제 막 태동하던 시기였는데, 애들 놀거리가 부족한 우리 동네에 오락실 기계가 있다면 장사가 잘될 것 같았다. 특히 가게에서 물건을 사면 꼭 거스름돈이 생기니, 짤랑이는 동전으로 한두 게임 하고 가기에도 안성맞춤인 장소였다.

"엄마. 요즘 애들은 오락실을 참 좋아하는데, 우리 가게 앞에도 한 대

놓으면 어때요?"

어머니가 내 의견을 받아들여 가게 앞에 기계를 들였고, 그 일은 우리 가족에게 큰 전환점이 됐다. 고만고만하던 구멍가게 매출을 오락실 기계 매출이 넘어선 것이다. 시장의 수요도 파악했겠다, 나는 아예 제대로 된 오락실을 하자고 다시 제안했다. 아들의 돈 감각을 확인한 어머니는 이번에도 흔쾌히 오케이. 그리고 머지않아 우리는 드디어 길고 긴 가난의 터널을 벗어날 수 있었다.

그 작은 가게의 이름은 '화성상회'다. 우리가 도망치듯 떠나온 화성. 그 이름을 딴 가겟방이 가족의 새로운 전환점이 되었다는 사실은 지금 생각해도 퍽 재미있는 일이다.

우리 식구의 터전이 되어줬던 가겟방, 화성상회.

콤플렉스는 나의 힘

나는 몸집이 작은 아이였다. 현실에서는 이리 치이고 저리 치이기 일쑤였지만 승부욕은 또 강했다. 스포츠를 유난히 좋아했던 것도 어쩌면 '힘'과 '승부'에 대한 동경이었을지 모르겠다.

어린 시절, 형이 나무 위에 라디오 안테나를 달아 한국 축구 국가대표 경기를 듣게 해준 일이 있었다. 불도 들어오지 않는 어둑한 시골 마을. 라디오 속 중계진의 울부짖음과 애국가가 흘러나오던 순간, 내 안에서 무언가 끓어올랐다. 함성, 포효, 가슴이 뻥 뚫리는 느낌. 눈으로 보지 않아도 모든 장면이 생생하게 그려졌다. 그때부터 나는 축구 중계가 있는 날이면 밥 먹는 일도 잊고 무조건 라디오 앞을 지켰다. 스포츠 신문과 잡지를 구해 읽으며 점점 더 축구에 빠져들었다.

학교에서도 마찬가지였다. 친구들과 경기 결과를 두고 내기를 걸었고,

일본과의 경기에서는 늘 한국이 이길 거라고 확신했다.

"너 이번에 OOO 슛 봤냐? 감아차기 죽이더라!"

스포츠 정신, 정의감, 애국심 같은 것들로 가득 찼던 학창 시절. 고려대학교에 가고 싶었던 것도 순전히 고대 축구부가 멋있어서였다. 하지만 현실은 쉽지 않았다. 축구를 좋아했지만 선수는 될 수 없었고, 성적도 원하는 만큼 안 나왔다. 결국 연세대학교 토목공학과에 입학했는데, 문제는 토목이 나와 전혀 맞지 않았다는 것이었다. 측량기계를 다루는 것도, 설계를 공부하는 것도, 거친 남자들의 문화도 내 적성과는 거리가 멀었다. 결국 2학년 1학기까지 다니다가 자퇴를 결심했다.

남들은 연대도 좋은 학교인데 배부른 소리라고 할 수도 있지만, 나로서는 오래 품은 로망이 꺾인 첫 번째 실패였다. 뼈 아픈 시간을 거쳐 다시 입시를 준비했고, 중앙대학교 경영학과에 입학했다. 이제 대학 생활의 낭만이 펼쳐지려나 했는데, 이번엔 또 영어가 문제였다. 당시 경영학도에게 필수였던 공인회계사(CPA) 자격증이 있는데, 1차 시험 과목에 영어가 포함되어 있었다. 지금도 그렇지만 나는 심각한 영어 울렁증이 있다. 대학 입시에서 좋은 성적을 받겠다고 영어 대신 일본어를 공부했더니, 정작 대학 입학 후에는 영어 실력이 부족해 CPA 시험을 준비하는 건 애초에 불가능한 일이었다. 자격증 하나 제대로 없는 경영학도라니, 결국 또 한 번 좌절감을 맛봐야 했다.

대학 공부에 재미를 붙이기 영 힘들었다. 공부말고 다른 동력이 필요했다. 그 당시는 청춘이라면 민주화의 횃불을 들고 하나로 뭉치던 때였다.

나 역시 학생운동에 관심을 두기 시작했다. 기억하는 사람도 있겠지만 80년대의 대학가는 거리 투쟁과 시위로 그 어느 때보다도 뜨거웠다. 나는 대자보를 붙이거나 거리에서 함성을 외쳤고, 때로는 경찰차에 실려 가기도 했다. 87년에는 연세대 출신 이한열 열사의 장례 행렬을 따라 광주까지 내려갈 정도였으니 꽤나 열성이었다.

청년이라면 응당 해야 할 일이라고 생각했으나 어딘가 가슴 한 켠이 불안했다. 내가 민주투사인가 아닌가는 중요한 게 아니었다. 정작 무엇을 하고 싶은지 정확히 모른다는 것이 문제였다. 시간이 흐를수록 이 길이 내 미래를 보장해 주지는 않는다는 것을 깨닫고 고민 끝에 학생운동과 거리를 두고자 신림동 고시촌으로 들어갔다. 그러나, 그것도 내 길은 아니었다.

대학을 졸업하고 나서야 나는 진짜 내 길을 찾아야겠다고 결심했다. 그런데 그게 '요식업'이 될 줄이야.

일본 유학, 프랜차이즈에 눈 뜨다

　대학 4학년, 졸업이 가까워질 무렵이었다. 도서관 복도에서 우연히 들은 친구들의 대화가 뇌리에 박혔다.
　"대기업에 들어가도 별거 없어. 부장 달고 나면 끝이라니까! 결국은 나가야 돼."
　나는 순진했었다. 안정적인 회사에 들어가면 성공 가도가 펼쳐질 거라고 생각했는데 그게 아니라니. 시작도 전에 끝이 보인다고? 나는 그 길이 내 길이 아님을 직감했다. 며칠을 골똘히 생각했다. 나는 대체 뭘 잘하고 좋아하는 걸까?
　경영학과에서 가장 재미있게 들었던 과목은 소비자 행동론과 마케팅 원론이었다. 사람들의 마음을 읽고 그들이 진짜 원하는 것을 파악하는 일. 또 나는 영세한 구멍가게를 동네 핫 플레이스로 만든 바 있는 장사

영재 아닌가!

'이걸 잘 활용하면 내 사업을 하는 데 써먹을 수 있겠다.'

수업을 들으면서 '장사' 두 글자가 선명해지기 시작했다.

장사에 대한 꿈이 요식업으로 바뀐 계기는 아주 일상적인 것이었다. 학교 근처에 단골 돼지갈빗집이 있었는데, 갈 때마다 나는 질문이 많았다. 사람들이 몇 시에 와서 몇 시에 나가는지, 술은 맥주를 주로 시키는지 소주를 주로 시키는지, 찬은 왜 이렇게 구성한 건지, 그런 것들이 궁금했다. 사장님은 내 눈빛을 기억했다.

"너, 이 일 좋아하는구나. 졸업하면 내가 도와줄게."

그 한마디가 내 가슴에 불을 질렀다. 졸업 논문 주제는 '프랜차이즈 시스템'. 그 당시만 해도 한국은 프랜차이즈라는 개념조차 생소한 시절이었다. 사람들은 하나의 가게를 잘 키워 몇 대가 먹고사는 데 더 익숙했고, 음식점은 제대로 된 사업으로 치지 않을 때였다. 누군가는 앞서 나가야 한다면 그게 나여도 괜찮을 것 같았다.

그러던 중, 우연한 기회에 일본 유학이라는 전혀 다른 방향이 펼쳐졌다. 랭귀지 스쿨 1년, 그리고 경영대학원 2년. 프랜차이즈가 폭발적으로 성장하고 있는 일본에 가서 제대로 배워올 기회였다. 내 목표는 분명했다. 첫째, 일본에서 성공하고 있는 외식 아이템을 발굴한다. 둘째, 한국에 마스터 프랜차이즈 독점권을 들고 돌아온다.

나는 진심이었다. 랭귀지 스쿨 입시를 준비하면서도 머릿속으로는 이미 수십 개의 시뮬레이션을 돌리고 있었다.

'이 아이템은 한국에서 통할까? 메뉴 구성은 어떻게 해야 할까? 가격은? 브랜드는 어떻게 키울까?'

일본에 도착해서 바로 야키니쿠 식당에서 아르바이트를 시작한 것도 전략적이었다. 주방의 뜨거운 불 앞에서 일하면서도 머릿속에는 늘 음식과 사업에 대한 생각이 가득했다.

불판을 설거지하다가 혼잣말처럼 다짐했다.

'이건 연습이야. 언젠가 내 가게를 열기 위한 준비 과정이야.'

일본 유학 시절. 힘들었지만 꿈이 있어 외롭지 않았다.

유학 3개월쯤 되었을까. 일본에 살고 있던 작은 누나가 말했다.

"내가 대출을 받아서 창업 자금을 만들어줄게. 그 정도 열정이라면 꼭 해봐야지."

일본 유학 시절. 힘들었지만, 꿈이 있어 외롭지 않았다.

기회가 벌써 온다고? 계획한 시기는 한참 남았지만 나는 한 치의 망설임도 없이 한국행 비행기를 탔다. 그때 창밖으로 점점 작아지던 일본 열도의 풍경이 아직도 기억난다.

'그래, 이제 진짜 시작이야.'

하지만 서울에 도착한 뒤 모든 게 꼬이기 시작했다. 부득이한 사정으로 작은 누나는 나를 도와줄 수 없게 됐고, 나는 일본을 몇 개월 어설프게 다녀온 사람이 되어버렸다. 대기업 입사도, 대학원도, 프랜차이즈도, 아무것도 손에 쥔 것 없는 신세가 돼 버린 것이다.

그래도 나는 그 전과는 달라져 있었다. 일이 마음대로 풀리지는 않았지만, 나는 이미 내 안의 불씨를 봤기에 무너질 이유가 없었다. 나의 변화를 가장 먼저 알아차린 것은 주변 사람들이었다.

하루는 선배 형과 캠퍼스 벤치에 앉아 막걸리에 새우깡을 안주 삼아 이야기를 나눈 적이 있다.

"형, 지금은 이렇게 막걸리를 마시지만 나중엔 꼭 외식사업으로 성공할 거야. 나 벤츠 탈 거고, 내 건물에서 가게도 할 거야. 월 500만 원 이상은 벌어야지."

새우깡도 아껴 먹는 판에 허황된 꿈이라고도 할 수 있었겠지만 그는 무시하지 않았다. 지방의 명문 고등학교를 나온 데다 잘생기기까지 해서 내가 동경했던 그 형은 이렇게 말했다.

"그래, 너 눈빛 보니 뭐든 하겠다."

나는 진심이었다. 그리고 그 마음이 결국 나를 여기까지 끌고 왔다.

그때부터다.

크지만 구체적인 목표!

그리고 누구보다 강한 확신!

그게 바로 장사꾼으로서 첫 시작이었다.

신문사 영업과장, '맛잘알'이 되다

 요즘 말로 '맛잘알'이라는 단어가 있다. '맛을 잘 아는 사람, 맛있는 음식 조합을 잘 아는 사람' 정도로 풀이되는 말이다. 나는 식당 사장이라면 자기 분야에서만큼은 응당 맛잘알이어야 한다고 생각한다. 적어도 내가 파는 음식은 가장 맛있게 만들고 맛있게 먹는 방법을 손님에게 소개할 수 있어야 하지 않겠는가. 맛잘알이 되기 위한 나의 노력은 엉뚱한 곳에서부터 시작되었다.

 그러니까 한참 사회 초년생이던 시절 이야기다. 일본에서 돌아온 후 뒤늦게 대기업 입사를 준비했지만 번번이 문턱을 넘지 못했다. 군대 면제자였고, 그 사이 어머니마저 세상을 떠나 부모님 두 분 다 안 계셨으며, 대학 시절 운동권 학생으로 분류되어서였다. 떨어질 이유가 아니라 붙을 이유가 없었다.

취업이 간절했던 나는 결국 다른 분야로 눈을 돌렸다. 1990년대 우리나라 신문업계는 최고의 전성기를 누리고 있었다. 나는 프랜차이즈와 외식업에 대한 정보를 구체적으로 얻을 목적으로 언론사 입사를 결정했고, 치열한 경쟁을 뚫고 힘겹게 민주일보의 공채 1기로 입사했다. 창간 멤버로 일하던 중, 우리 신문이 대우그룹에 인수되었다는 기쁜 소식을 접했는데 이게 웬걸, 정부가 대기업의 언론사 진출에 제동을 걸면서 신문사는 오히려 폐간됐고, 나는 1년 6개월 만에 실업자가 되었다. 애매한 나이의 애매한 경력, 다음 선택지가 많이 없었다. '울며 겨자 먹기'로 전자신문사에 입사했는데 되돌아보니 그곳이 나의 인생을 크게 바꿔놓았다. 이곳에서 나는, 진짜 '맛의 세계'로 들어가는 문을 열게 된 것이다.

전자신문사에서 나는 업무는 '지국 관리(일명 보급소 관리)'였다. 전국 40여 개 지국을 관리하는 영업 담당자로서 방방곡곡을 누비며 참 바쁜 날을 보냈다. 지국장들에게 나는 '한양에서 온 손님'이었다. 자고로 예부터 한양 손님이 오면 그 지역 가장 맛있는 음식을 대접하는 법이다. 그들은 본사 직원인 나를 맞아 꼭 동네에서 손꼽는 맛집으로 데려갔다.

"여기 낙지볶음은 서울 어디서도 못 먹어요."

"여긴 소곱창이 예술입니다."

"뭉티기 드셔 보셨어요? 이런 건 처음 보죠?"

지역마다, 지국마다 '가장 맛있는 집', '단골집'이 있었고, 나는 그 모든 테이블을 경험했다. 늘 잿밥에 관심이 있는 것은 아니었지만 때로는 출장 가방을 들고 새로운 지역을 갈 때면 괜스레 설레기도 했다. 매일 다른 지역으로 향하는 영업직 특성상, 하루 세 끼를 밖에서 해결하는 일이 다반사였고, 나의 음식 빅데이터는 빠르게 쌓여갔다.

처음에는 그냥 끼니를 때우는 수준이었지만 나중엔 식당의 위치, 메뉴, 분위기, 손님들의 반응까지 관찰하며 머릿속으로 계속 분석했다.

'이 집은 왜 사람들이 많지? 간판은 허름한데…'

'여긴 반찬은 평범한데 된장찌개 하나로 승부를 보네.'

하루하루가 '맛의 인사이트'를 쌓아가는 시간이었다. 전 지역의 모든 직장인 맛집을 직접 발로 뛰며 만든 지도는 지금도 내 머릿속에 선명하다.

한편, 나는 쉬는 날마다 국회도서관으로 향했다. 영업 현장에서 살아 있는 노하우를 얻었다면, 도서관에서는 잘 정제된 외식업계 정보를 얻기 위해서였다. 도서관에는 늘 〈월간식당〉 같은 외식 전문 잡지들이 비치되어 있었다. 나는 그 책들을 쉴 새 없이 넘겨보며 외식업의 트렌드와 흐름, 성공한 점주들의 인터뷰를 스크랩했다. 어스름에 도서관을 나설 때면 가슴은 희망으로 두근거렸다. 실제로 나는 CEO의 성공 스토리 페이지에 내 인터뷰가 실리는 꿈을 자주 꾸기도 했다.

직장 생활 내내 식당 창업에 대한 열정은 사그라들 기미가 없었다. 회사 동료들도, 너는 진급에는 통 관심이 없어 보인다며 언젠가는 꼭 음식 장사를 한 번은 할 것 같다고 인정했다.

그 시절, 나는 일하면서도 늘 꿈을 품었다. 오늘 점심은 어떤 식당에 가서 먹을지가 중요한 게 아니라 훗날 내가 차릴 식당은 어떤 모습일지 상상하는 날들이었다.

전자신문사 시절은 내 인생에서 가장 값진 '맛 공부'의 시간이었다. 식당은 단순히 음식을 파는 공간이 아니라, 열정과 철학을 파는 곳이라는 것을 그때 처음 배웠다.

어느 날인가 내가 하도 식당 얘기만 하니까 한 선배가 나를 어느 전문가에게 소개시켜줬다.

"그분이 설렁탕의 대가인데 네가 잘 배워서 나한테도 좀 알려줘라."

'신촌설렁탕'의 창시자, 이병우 여사와의 만남은 그렇게 시작됐다.

사업의 든든한 버팀목, 고마운 그녀

1991년 봄, 대구 성서의 한 커피숍. 나는 그곳을 잊지 못한다. 햇살이 포근하게 내려앉던 오후, 설레는 마음으로 자리에 앉아 그녀를 기다렸다. 잠시 후, 문이 열리며 한 여성이 들어왔다. 단정한 옷차림, 맑은 눈매, 환한 미소. '아, 저 사람이구나.' 첫눈에 알 수 있었다.
"안녕하세요. 저는 하영호입니다. 오늘 시간 내주셔서 감사합니다."
그녀는 수줍은 듯 미소 지으며 말했다.
"언니가 꼭 한번 만나보라고 해서요. 반갑습니다."
아내와의 첫 만남은 대구에 살던 큰 누님의 시누이, 최희숙 교감 선생님의 소개로 이뤄졌다. 그분은 아내의 외사촌 언니이기도 했다. 알고 보니 우리는 겹사돈이 될 운명이었다.
이전에도 맞선을 여러 번 봤었지만, 만날 때마다 서두에 "저는 식당을 할 사람입니다."라고 말했다. 진심이었지만 좋은 결과로 이어지지 못했다. 그날도 솔직하게 말했다.

"저는 언젠가 반드시 외식업으로 성공할 사람입니다. 지금은 직장을 다니지만 장사로 인생을 바꿔볼 겁니다."

그녀는 놀라지 않았다. 그저 조용히 고개를 끄덕이며 내 말을 끝까지 들어주었다. 처음이었다. 내 이야기를, 내 꿈을 있는 그대로 받아준 사람.

'이 사람이라면 함께할 수 있겠다.'

하지만 그날 만남으로 바로 인연이 되지는 않았다. 연락이 쉽지 않았고, 나도 쉽게 용기를 내지 못한 채 고민만 하는 날들이 이어졌다. 그러다 그녀가 곧 운전면허 시험을 본다고 했던 이야기가 문득 떠올랐다. 그날, 처음으로 조심스럽게 전화를 걸었다.

"필자 씨, 운전면허 시험은 잘 보셨어요?"

잠시 정적 후 들려오는 수줍은 웃음소리.

"100점 받았어요…"

그 한마디에 또 한 번 마음을 빼앗겨버렸다. '참 똑 부러지는 여자구나.' 그날 이후, 나는 더 열심히 전화를 걸었고, 마침내 다시 한번 만남의 기회를 얻었다. 그녀는 한층 밝은 미소로 나를 맞아주었고, 그 웃음 하나에 심장이 쿵 하고 내려앉았다. 나는 또다시 완전히 반하고 말았다.

우리의 연애는 그렇게 시작됐다. 조심스럽지만 진심이 오가는 풋풋한 사랑이었다. 그리고 마침내 우리는 그해 10월 결혼식을 올리기로 약속했다.

하지만 인생은 늘 뜻하지 않은 변수로 우리를 시험한다. 앞에서 말한 것처럼, 내가 다니던 민주일보가 폐간된 것이다. 결혼을 불과 몇 달 앞둔 7월이었다. 하루 아침에 실업자가 된 내 처지가 처량했고 아내에게 면목이 없었다. 그때 큰 누님이 조심스레 말했다.

"그래도 결혼하는데 직장은 있어야지 않겠니."

그 말에 정신이 번쩍 들었다. '나는 한 가정을 책임질 사람이다.' 전국 맛집을 직접 발로 뛰며 보고 배우겠다는 마음으로 신문판매국의 지국 관리 부서를 선택한 것도 그런 마음가짐 때문이었다.

그리고 1991년 10월, 우리는 그녀의 고향인 아름다운 왜관에서 조촐한 결혼식을 올렸다. 나는 말끔한 정장을, 그녀는 소박한 웨딩드레스를 입고 서로의 손을 꼭 잡았다. 그날, 나는 세상에 둘도 없는 든든한 동반자를 얻었다고 믿었다.

하지만 결혼은 로맨스가 아닌 현실이었다. 나는 신혼 초부터 다시 음식점 창업을 준비했다. 주말마다 국회도서관에 앉아 자료를 찾고 성공사례를 탐독했다. 아내는 선뜻 호응하지 않았다. 신혼 초임에도 팽팽한 신경전이 이어지기도 했다. 결국 아내는 내 고집을 들어주며 단 하나의 조건을 걸었다.

"애들 초등학교 들어갈 때까진 안정적으로 살자. 창업은 그때 생각합시다."

나는 수긍했다. 식당 창업에 대한 꿈은 간절했지만 아내와의 약속이 먼저였다. 그렇게 신문사에 7년을 더 다녔다. 다른 샐러리맨들이 퇴근 후 TV를 보며 한숨 돌릴 때, 나는 다시 도서관으로 가 〈월간식당〉과 외식업 관련 서적을 읽으며 언젠가 다가올 그날을 준비했다.

그리고 마침내 때가 왔다. 1998년 8월 23일, IMF 한복판이었다. 모두가 움츠러들던 시기였기에 사람들은 말했다.

"지금 장사를 해? 미쳤어!"

하지만 나는 생각했다. '모두가 움츠릴 때야말로 진짜 기회'라고. 그 믿

1998년 첫 번째 매장. 일본에서 축하하러 와준 누나 내외.

우리의 첫 번째 매장에서, 아내와 함께.

음을 안고 강남 신사동의 작은 골목길, 18평짜리 가게를 계약했다.

보증금 4천. 월세 160. 창업 자금은 퇴직금 4천만 원에, 작은누이의 2천만 원, 은행 대출까지 합쳐 7천만 원이 전부였다. 드디어 상상만 하던 '식당 인생'이 시작됐다. 그리고 동시에 본격적인 생존 전쟁의 서막이기도 했다.

처음 한두 달은 꽤 괜찮았다. 하지만 두 달이 지나자 매출은 하루 40, 50만 원까지 곤두박질쳤다. 큰소리 떵떵 쳤던 나는 속으로만 되뇌었다.

'아… 나 망했구나.'

아내는 어려운 시기에 굳이 창업을 시도한 나를 원망했지만 등을 돌리지는 않았다. 잔소리는 했어도 식당에서 누구보다 열심히 일했다. 지금도 가끔 매장에서 바삐 움직이는 아내를 보면 얼굴이 벌겋게 달아오르도록 그릇을 나르고 옮기던 30대의 젊은 그녀가 겹쳐 보인다.

그 힘든 시작이 지금의 우리를 있게 했고 '하영호 신촌설렁탕'을 완성했다. 그 시절을 함께 버틴 아내가 고맙고 고마울 뿐이다.

"매일 전신주에 올라가던 그 시절이 없었다면
진작 무너졌을 것이다. 그때의 절박함이 만들어낸
끈기와 투지가 나를 여기까지 오게 했다."

Part 2.
뭉근히 끓이다 : 실패와 성공

- '설렁탕의 어머니'를 만나다
- 마음만 앞선 초보 사장, 대체 왜 안될까?
- 매일 전신주에 올라가는 남자
- 작은 설렁탕 가게의 퀀텀점프
- 직영점을 포기한 이유 : 전수창업의 철학
- 청출어람, 남다르게 잘 된 매장들
- 뼈 아팠던 시행착오들

'설렁탕의 어머니'를 만나다

　내 인생을 두고 '설렁탕', '이병우' 두 단어를 빼놓을 수 없다.

　처음으로 설렁탕이란 음식을 '제대로' 맛봤던 건 서울 도봉동에 있던 무수옥이었다. 지금은 '노포 맛집'을 넘어 전설이 되어버린 설렁탕집. 그때는 지금 같은 명성은 아니었고 그저 허름한 가게에서 묵묵히 손님들을 대접하던 시절이었다. 초등학교 5학년, 어쩌다 따라간 식당에서 나는 무슨 음식인지도 모르고 국물 한 숟가락을 삼켰다.

　뜨끈한 국물이 목을 타고 내려가는 순간, 뭔가 말로 설명할 수 없는 감칠맛이 혀끝에 맴돌았다. 맑지만 깊고, 투박하지만 정직한 맛. 자주 먹을 수 없던 음식이었기에 더 강렬했다. 그 뒤로는 오랫동안 청진동 해장국에 빠져 살았다. 술을 마신 다음날에도, 몸살기가 올 것 같을 때도 해장국을 찾았다. 그렇게 설렁탕은 내 기억 저편으로 밀려났다.

그러다 직장 생활을 하던 어느 날, 민주일보 시절 절친했던 이완기 형님이 내게 말했다.

"너 식당 하고 싶다며? 이분 한번 만나봐. 기술 제대로 배워서 나중에 나한테도 좀 알려줘. 수고비는 두 달 치 용돈이면 된다."

그렇게 나는 신촌설렁탕의 이병우 여사님을 만나게 되었다. 처음 만난 자리에서 형님은 장난스럽게, 그러나 단호하게 말했다.

"두 분은 오늘부터 양어머니, 양아들이에요."

나는 고아는 아니었지만 부모님을 일찍 여의고 늘 마음 한편이 헛헛했다. 홀

이병우 여사의 며느리로 소개됐던 아내의 모습.

로 된 여사님도 그랬으리라. 양어머니와 양아들이라는 말에 여사님은 조용히, 하지만 단단한 눈빛으로 고개를 끄덕였다. 이상하게 낯설지가 않았다. 마치 오래전부터 이어진 인연 같았다.

이병우 여사님은 그야말로 설렁탕의 전설이었다. 1965년, 신촌역 앞에 있던 작은 가게를 인수해 전국 맛집으로 키워낸 인물. 정치인, 연예인, 운동선수들이 줄 서서 찾는 것은 물론이고, 청와대에 납품까지 하던 설렁탕이었다. 하지만 실제 그분의 성격은 의외로 소탈하고 조용했다.

처음 주방에 들어섰을 때, 여사님이 건넨 첫마디가 아직도 생생하다.

"사람 먹을 국은, 말이 없어야 해요. 조용히, 오래 끓여야 해."

그때는 그게 무슨 말인가 했다. 하지만 지금 생각해 보면 그게 설렁탕의 근본이자 모든 비법의 시작이었다. 작은 주방 안, 여사님은 말없이 소뼈를 솥에 담고 물을 부었다.

"자, 뼈는 하루 전에 피를 다 빼놔야 해. 안 그러면 국물에 잡내가 배요."

"간단해 보이는데, 이걸 언제까지 배워야 하나요?"

"아무것도 모르는 소리. 뼈가 전부야. 함부로 다뤄선 안 돼."

하루, 이틀… 나는 거의 열흘을 뼈만 만졌다. 뼈를 씻고, 손으로 문지르고, 솥에 담고. 여사님은 한마디도 없다가 어느 순간 툭 던지듯 말했다.

"지금 불 올리면 안 돼. 아직 뼈가 준비가 안 됐어."

솥이 크다 보니 한 번 끓이려면 시간이 오래 걸렸다. 고기 한 점을 넣을 때도 여사님은 양보가 없었다.

"이 고기, 어디 부위 같아?"

"음… 양지요?"

"너무 얇지. 차돌양지야. 설렁탕은 고기보다 국물이 먼저야. 고기만 맛있으면 탕은 망한 거야."

그 시기, 나는 국물이 아니라 철학을 배웠다. 기다림의 미학, 장인의 고집, 음식으로 말하는 묵묵함. 당시 여사님은 악덕 건축업자에게 사기를 당해 법적 다툼 중이었다. 조폭들이 여사님 집 앞에 진을 치고 있었고, 나는 매일 그 틈을 지나 여사님 댁을 드나들었다. 여사님 역시 속이 시끄러웠을 텐데 나를 진득이 가르쳤다.

"영호야. 너 무섭진 않니?"

"국물 하나 얻자고 목숨 걸었죠, 뭐."

그렇게 시간이 지나 1998년, 첫 번째 식당을 열었다. 이병우 여사님의 사진을 앞세운 "신촌설렁탕". 여사님의 기술과 내 열정이 더해진 소중한 식당이었다. 하지만 현실은 기대와 달랐다. 신촌설렁탕 원조의 전수 아래 창업한 식당이라는 타이틀은 소용이 없었다. 이병우 여사의 이름값이라기보다 아무런 대책이 없던 내 잘못이었다. 오픈 두 달 만에 매출은 곤두박질쳤고, 나는 벽에 부딪혔다. 그때 여사님의 목소리를 떠올리며 스스로 다짐하고 또 다짐했다.

"설렁탕은, 조용히 오래 끓여야 해."

최고의 대가에게 제대로 배웠는데, 이제 겨우 시작했는데 이대로 주저앉을 수 없었다. 설렁탕이 팔팔 끓어오르듯, 내 열정도 다시 끓기 시작했다.

마음만 앞선 초보 사장, 대체 왜 안 될까?

 설렁탕집을 연 지 두 달쯤 지났을 무렵부터 손님들의 발길이 끊기기 시작했다. 분명 북적여야 할 점심시간마다 한적한 매장 안 풍경이 가슴을 짓눌렀다. 절반도 채우지 못한 텅 빈 테이블들. 손님을 기다리며 가게 앞을 서성이던 내 모습이 지금도 눈에 선하다. 가게가 꽉 찼을 땐 그 안에 서 있는 것만으로도 가슴이 벅차올랐지만 이제는 마치 내 영혼마저 텅 비어버린 것만 같았다.

 지인들이 "요즘 어때요? 장사 잘돼요?"라고 물을 때면 나는 기세 좋게 대답했다.

 "잘되죠, 그럼. 눈코 뜰 새 없이 바빠요!"

 그러나 밤이 되면 조급함과 불안감에 이불을 발로 차며 뒤척였다. 엄청 바쁘다는 그 말이 현실이 되길 간절히 바랐다. 하지만 진짜 현실은 하루하루가 무거운 돌덩이를 짊어진 것처럼 버거웠다.

나는 일본으로 떠났을 때부터 프랜차이즈 사업에 대한 꿈이 있었다. 신사동 매장 역시 그냥 식당 하나가 아니라 프랜차이즈를 위한 전초기지라고 생각했다. 나에게 설렁탕의 세계를 알려준 이병우 여사의 '신촌설렁탕' 간판만 믿고, 심동철 당시 서강대 총동문회사무국장과 셋이서 '신촌설렁탕 프랜차이즈' 공동사업협약서까지 작성하며 의기양양하게 시작했다. 말 그대로 호기롭게, 범 무서운 줄 모르는 하룻강아지처럼 뛰어든 셈이었다.

그런데 돌이켜보면 나는 '장사'라는 현실보다 '꿈'만 알았고, '치밀한 계획'보다 '뜨거운 의욕'만 앞선 사람이었다. 프랜차이즈 사업을 한다면서도 정작 그것의 기본 개념이나 운영 방식에 대한 이해는 손톱만큼도 없었다. 무작정 '잘되겠지', '같은 브랜드로 지점 내면 그게 프랜차이즈 아니야?' 하는 어설픈 자신감뿐이었다.

사실 그때는 지점 확장으로 큰돈을 버는 게 중요한 것이 아니라 본점의 위상을 높이는 게 중요하다는 것을 몰랐다. 설렁탕이라는 업종은 기본적으로 신뢰와 세월이 차곡차곡 쌓여야 하는 분야다. '30년은 해야 한다'는 말이 괜히 나온 게 아니다. 그런데 나는 너무 젊었고, 경력도 짧았다. 그에 비해 소비자들에게 인정받고 싶은 마음만 간절했고, '성공한 프랜차이즈'라는 타이틀이 그 부족함을 메꿔줄 거라고 착각했다.

원인은 의외로 단순했다. 대박집이 되지 못한 본점으로는 프랜차이즈를 꿈꿀 수 없다는 것, 이것이 냉혹한 현실이었다. 점심 장사를 예로 들어보자. 일반 식당은 대개 12시부터 한 타임 돌아간다. 잘되는 집은 11시 30분부터 이미 손님들로 북적이고, 오후 1시 반이 넘어서도 문전성시를 이룬다. 주말은 더 말할 것도 없다. 그 식당에 들러 점심을 해결하는 것이 '일정'이 된 단골손님들이 탄탄히 받쳐주고, 주말에는 다른 지역에서도 일부러 찾아오니 매출이 평일보다 훨씬 더 많아진다.

이처럼 프랜차이즈를 준비하려면 본점 매출의 체급 자체가 달라야 했다. 직원 한 사람당 하루에 40만 원 매출을 올린다고 쳤을 때, 종업원 4명이면 일 매출이 최소 160만 원은 되어야 한다. 그 정도는 돼야 '이 집은 잘되는 집'이라는 평가를 받을 수 있고, 예비 창업자들도 비로소 관심을 가진다.

하지만 현실의 벽은 높았다. 내가 열었던 매장은 기본 매출이 뒷받침되지 않으니 그렇게 의기양양하게 썼던 협약서도 1년 만에 휴지 조각이 되고 말았다. 결국 1차 프랜차이즈 사업은 실패로 막을 내렸다. 본점의 생존 여부부터 불투명했다. 돌아보면, 이병우 여사의 '신촌설렁탕'이라는 네임 밸류에만 기대어 있었던 내 판단이 치명적인 오류였다. 신촌설렁탕은 70~80년대에는 분명 리딩 브랜드였고, 나도 특별한 비법이 있을 거라 기대했다. 그러나 막상 들어가 보니 국산 한우 사골과 잡뼈로 정성껏 내는 진국이 전부였다. 진실되긴 했지만 남들이 따라할 수 없는 독보적인 노하우는 아니었다.

당시는 탕반 음식 시장의 다크호스로 감자탕, 순댓국 같은 것들이 떠오를 때였다. 설렁탕은 여전히 사람들이 찾는 메뉴였지만 예전과 같아서는 승산이 없었다. 경쟁은 나날이 치열해졌고 고객들의 눈높이는 하늘을 찌를 듯 높아만 갔다. 무엇보다 중요한 건 '규모의 경제'였다. 번화한 도로변에 위치하고, 넓은 주차장을 갖추고, 세련된 인테리어까지 겸비한 중대형 매장들이 지역에서 대박을 터뜨리는 시대였다. 내 작은 매장은 그 기준에 한참 못 미쳤고, 자금 사정은 항상 밧줄 위를 걷는 것처럼 아슬아슬했다.

나는 화려한 시설보다 내 뜨거운 열정을 더 믿었다. 하지만 사업은 마음만으로 되는 게 아니었다. 장사는 '사람'을 상대하는 일이고, 사람은 늘 냉정하다. 맛이 없으면 돈을 아까워한다, 불편하면 다시 오지 않는다. 멀면 애초에 찾지를 않는다. 나는 그 너무나 당연한 사실을, 정작 시작하고 나서야 온몸으로 뼈저리게 깨달았다.

[초보 사장에게 전하는 진심 어린 조언]

지금 생각해보면 실패의 이유는 손바닥 보듯 뚜렷했다. 이제 막 장사를 시작하는 분들께 꼭 드리고 싶은 말이 있다. 이 글을 곱씹어 읽으면 적어도 내가 겪었던 시행착오는 피할 수 있을 것이다.

1. 마음만 하늘에, 준비는 땅바닥에 있는 것은 아닌지 점검하라

나는 프랜차이즈 사업을 하겠다며 거창하게 가게를 열었지만 정작 프랜차이즈가 무엇인지 제대로 알지 못했다. 브랜드만 있으면 성공할 거라는 순진한 믿음뿐이었다. 그러나 실전은 교과서와 다르고, 현실은 냉정하기 그지없다. 뜨거운 가슴도 중요하지만 차가운 머리는 더 중요하다.

2. 매출이 받쳐주지 않으면, 그 어떤 꿈도 모래성에 불과하다

모든 숫자 하나하나가 당신의 이력서이자 명함이다. 직원 4명이 일한다면, 하루 160만 원 이상은 꾸준히 나와야 다음 단계를 논할 수 있다. 이것은 기본 중의 기본이다. 특히 프랜차이즈를 꿈꾸려면 '본점'부터 대박집이 되어야 한다. 매출이 증명하지 못하는 사업 계획은 한낱 공상에 불과할 뿐이다.

3. 누구의 이름값, 메뉴의 유명세만 믿고 덜컥 뛰어들지 마라

'신촌설렁탕'이라는 이름만으로도 충분하다고 자만했다. 그러나 간판이 아닌 '현장'이 장사의 전부다. 과거의 명성, 또는 시장의 인기는 현재의 매출을 절대 보장하지 않는다. 어제의 영광에 기대어 오늘을 살아갈 수는 없는 법이다.

4. 당신이 만날 고객은 당신의 상상보다 열 배는 더 까다롭다

내가 맛있다고 확신하는 것과, 고객이 지갑을 열고 만족하는 건 하늘과 땅 차이다. 위치, 주차 공간, 세련된 인테리어, 친절한 서비스까지, 그 중에 하나라도 빠지면 고객은 망설임 없이 돌아선다. 장사는 모든 요소가 완벽히 맞물려야 하는 정교한 종합예술이며, 손님은 그 공연에 비싼 티켓을 사고 입장한 관람객이다.

5. 자금 여력 없는 무모한 확장은 달콤한 독약이다

프랜차이즈든 다른 어떤 사업이든 충분한 자금 없이 무리하게 사업을 확장하면 오래가지 못한다. 체계와 준비 없는 확장은 결국 스스로를 끝없는 수렁으로 밀어 넣는 일이다. 준비되지 않은 실행은 결국 독이 되어 돌아온다. 천천히 한 걸음씩 나아가는 것이 때로는 가장 빠른 길이다.

매일 전신주에 올라가는 남자

"당신이 무슨 생각으로 가게를 열었는지 도무지 모르겠데이…"

아내가 서럽게 울었다. 아이들에게 먹이려던 따뜻한 밥이, 지하철 플랫폼 앞에서 절망에 빠져 서 있던 그녀의 손에 들려 있었다. 흰 김이 모락모락 피어오르던 국밥 한 그릇이, 그녀를 죽고 싶게도 했고, 동시에 애들 생각이 나게 해 포기할 수도 없었다고 했다. 아내의 고백을 들으며 나는 가슴이 뜨겁게 조여오는 듯한 통증을 느꼈다. 대체 내가 이 가족을 어디로 끌고 가고 있는 걸까?

사실 나도 미칠 지경이었다. 전 재산을 쏟아부어 시작한 가게. 땅값 비싼 강남 한복판에서 그 돈으로 얻은 건 유명무실한 간판뿐이었다. 지나가는 사람들에게 전단지를 돌리기도 했다. 그마저도 어설퍼서, 주소나 약도도 빠진 조잡한 종이에 사탕 하나 붙여 뿌리던 초라한 시절이었다.

하루하루가 벼랑 끝이었다.

"사장님! 여기서 전단지 돌리지 마세요. 이 앞은 우리 구역이에요."

신사역 근처 오래된 설렁탕집 주인이 문밖으로 나와 나를 노려보며 말했다. 그의 눈빛에는 경계심과 무시가 서려 있었다.

"죄송합니다…"

고개를 숙이며 사과했지만 돌아서는 순간 이를 꽉 깨물었다. 전단지는 장소를 이동해 계속 뿌렸다. 점심시간이면 쌩하게 지나치는 사람들에게 허리 굽혀 전단지를 건넸고, 밤이면 주택가를 가가호호 돌아다녔다. 문틈으로 홍보물을 밀어 넣을 때마다 마음 한구석이 무너졌지만 자존심은 사치였다.

가게 벽면을 가득 채우도록 인쇄해 붙인 냉면 사진. 시대를 앞서가는 홍보 방식이었다.

그러나 지성이면 감천이라더니, 초겨울이 되자 그나마 매출이 조금씩 올라오기 시작했다. 설렁탕 같은 탕반 음식은 역시 추운 날씨에 더 잘 팔렸다. 하루 100만 원 매출이 나오는 날도 생기기 시작했다. 그런 밤이면 아내와 함께 마감하며 환하게 웃기도 했다. 하지만 항상 불안했다.

'겨울이 지나면 어쩌지? 또다시 매출이 뚝 떨어지는 건 아닐까?'

설렁탕이 계절 변화에 민감하다는 걸 뼈저리게 느꼈기에 비빔밥과 냉면을 검토한 후 내가 선택한 건 '냉면'이었다. 나는 아예 함흥냉면 전문점 간판을 추가로 걸었다. 제대로 된 함흥냉면, 그것이 우리 가게의 차별점이 될 수 있을 거라 생각했다. 어설프게 시도한 것이 아니라 냉면 전문 주방장도 따로 채용했고, 매장 유리에는 침이 고일 만큼 맛있어 보이는 대형 냉면 사진을 붙였다. 시원한 함흥냉면과 뜨끈한 설렁탕, 이 두 가지로 다시 승부수를 띄운 것이다.

봄이 되자 다행히 냉면을 찾는 손님들이 몰려왔다. 점심시간이면 매장 앞에 작은 줄이 생기기 시작했고, 매출은 하루 80만 원 선까지 올랐다. 홀은 활기를 띠었고, 주방에서는 분주하게 그릇 부딪히는 소리가 끊이지 않았다. 하지만 내 목표였던 월 천만 원을 벌기 위해서 다시 한번 새로운 돌파구를 찾아야 했다.

그때 내 눈에 들어온 것이, 신사동 이곳저곳을 누비는 '배달 오토바이'였다.

"설렁탕을 배달한다고? 그게 되겠어? 탕반 음식은 뜨끈하게 나올 때가 가장 맛있는 건데."

주변 사람들은 모두가 말렸다. 당시만 해도 중국 음식 말고 다른 탕 음식을 배달한다는 것은 상식 파괴였다. 하지만 나는 모험을 감행했다. 인근 회사원들이 점심시간에 멀리까지 나오지 않고도 설렁탕을 맛본다면? 퇴근 후 늦은 시간에도 따끈한 국물을 먹을 수 있다면? 분명 승산이 있었다.

나는 안정적인 포장 방법을 연구했다. 설렁탕과 밥을 따로 포장하고 국물이 새지 않게 이중으로 비닐을 씌웠다. 김치와 깍두기는 별도로 담았고, 뜨거운 국물은 보온력이 좋은 용기를 사용했다. 지금이야 배달 전문점에서 다 하는 방식이지만 그때만 해도 획기적이었다. 추운 겨울이면 두툼한 담요로 배달통을 덮기도 했다.

배달 전문점이 아니니 처음에는 수요가 적어서 내가 직접 메뉴 스티커를 사무실과 주택가에 뿌리고 오토바이에도 직접 올라 신사동을 누볐다. 점심시간 전에 홍보를 하고 나면 신기하게도 한 시간 뒤에는 배달 요청 전화가 빗발치게 들어왔다. 낮에는 성형외과, 광고&디자인 출력센터 및 회사원들이 주 고객이었고 밤에는 연예기획사, 연습실, 스튜디오 및 가수녹음실에서 주문이 밀려들었다. 특히 새벽녘까지 촬영하며 식사가 부실했던 연예인들에게 우리 설렁탕이 소문나기 시작했다. 한번은 인기 드라마 촬영장에 배달을 가니 주연 배우가 직접 나와 "이 설렁탕 정말 맛있네요!"라며 엄지를 치켜세우기도 했다. 내 판단이 틀리지 않았다는 그 뿌듯함은 말로 표현할 수 없었다.

배달 매출이 1일 60만 원, 1달에 2천만 원으로 날이 갈수록 늘어만 갔다. 배달 직원도 어느덧 2명을 고용했다. 그들이 출근하기 전이나 퇴근한 후에는 내가 배달에 나섰다. 나 혼자서 올린 배달 매출이 하루 20~30만 원씩, 한 달이면 750만 원, 1년이면 9천만 원에 달했다. 가게를 이어갈 수 있는 생명줄이 생긴 셈이었다. 일요일 휴무에 날아가는 일매출이 아까워 24시간 연중무휴로 운영 체제도 바꿨다. 하지만 새로운 문제도 생겼다.

나는 배달 음식이 늦으면 손님이 바로 끊어지니 '배달 손님 먼저', 아내는 홀에서 식사하는 손님들이 기다리시니 '홀 손님 먼저', 서로 중요하게 생각하는 게 달라 싸움도 잦아졌다. 처음부터 배달 전문점으로 구성한 곳이 아니라 좁은 홀에 철가방을 든 기사들이 부산스럽게 드나들며 손님들의 식사를 방해하는 것 같아 죄송한 마음도 컸다. 또 그 모습은 내가 추구하던 고급스러운 이미지와도 거리가 멀었다. 그래도 포기할 수는 없었다. 그것이 우리 가족의 생계였으니까. 그렇게 첫 번째 매장은 배달에 힘입어 5년을 버텼다. 우여곡절 속에서도 안정적인 매출을 만들어가고 있었다.

그런데 어느 날, '광우병'이라는 예상치 못한 복병이 찾아왔다. 뉴스에서는 연일 소고기의 위험성을 강조했고, 손님들의 발길이 뚝 끊겼다. 나만 겪는 어려움이 아니었겠지만 하루아침에 매출이 반토막 났다.

가게는 텅 비었다. 식재료는 남아돌았고, 직원들의 월급날은 다가오는데 통장 잔고는 바닥을 보이기 시작했다. 밤마다 머리를 싸매고 고민하다 떠오른 것은 역시나 '홍보'였다. 나는 또다시 거리로 나갔다.

[국내산 한우 육수로 조리합니다! 신촌설렁탕 신사점]

현수막과 테이프, 사다리를 챙겨 점심 식사가 시작되기 전 오전 11시 50분에 매장 앞에 있는 전신주에 올라갔다. 허리춤에 테이프를 차고, 바람에 날아가지 않도록 이를 악물고 현수막을 꼼꼼히 고정했다.

"어허 참, 이거 붙이지 말라니까요! 다시 철거하겠습니다."

구청 단속반이 몰려오면 슬그머니 내려왔다가 그들이 지나가면 다시 올라가 붙이기를 반복했다. 손바닥은 굳은살이 박이고 무릎은 까졌지만 포기할 수 없었다. 아예 현수막 철거를 대비하여 추가로 현수막을 더 준비했다. 철거될 것에 대한 대비책이었다.

토요일, 일요일, 공휴일엔 단속이 없어 하루 종일 현수막을 내걸 수 있었다. 그날이면 가게는 조금 더 붐볐다. 약 5년간, 나는 새벽같이 전신주를 오르락내리락하며 하루를 시작했다. 날씨가 궂든, 바람이 불든, 눈이나 비가 오든 상관없었다.

"저 아저씨 또 왔네. 오늘도 열심히 붙이시네."

내 모습이 안쓰러웠던 인근 가게 사장님은 종종 따뜻한 커피를 건네주

당시의 현수막 모습. 매일 위험하게 오르내렸다.

기도 했다. 하지만 나는 창피하다고 생각하지 않았다. 이것은 내가 선택한 길이었고, 내 가족을 지키기 위한 몸부림이었다.

이 모습이 어느새 방송에까지 나갔다. 황수관 박사가 MC로 있던 '호기심 천국'에서 내 이야기를 소개했다. 매장을 운영하기 위한 나의 고군분투, 진심으로 끓이는 설렁탕 이야기에 시청자들의 반응은 뜨거웠다.

"저런 사장님이 만드는 설렁탕은 믿고 먹을 수 있겠어요."

"한번 맛보고 싶네요."

이병우 여사가 출연한 〈호기심 천국〉 촬영 모습

방송 이후 가게를 찾는 손님들이 늘기 시작했다. 호기심으로 방문한 이들이 맛에 반해 단골이 되었고 입소문이 퍼져 나갔다. 또한 최고의 인기 프로그램 '이홍렬쇼'에는 창업자인 이병우 여사가 출연해 화제가 되었다. 그녀는 설렁탕의 역사와 비법을 소개했다.

"설렁탕은 정성입니다. 요즘 젊은 사람들이 그 정성을 알아주면 좋겠습니다."

결국, 방송 출연 덕분에 광우병의 위기도 그렇게 견뎌냈다. 그 고난 속에서도 위기를 기회로 바꾸는 법을 익혔고 포기하지 않는 정신력을 다졌다.

첫 번째 매장은 5년이 지날 무렵 건물이 매각되어 권리금 한 푼 못 받고 쫓겨나서 인근 신사 호텔 뒤편 50평 규모로 확장 이전했다. 더 넓고 쾌적한 공간에서 손님들을 맞이할 수 있게 되었다. 인테리어도 고급스럽게 바꾸었고 주방 시설도 현대화했다.

이제 고생 끝이다 싶었는데 내가 오만했던 걸까? 몇 년 뒤에는 또다시 '2차 광우병' 파동이 찾아왔다. 이번에는 더 큰 규모로 공포감이 확산되었고, 설렁탕 매출은 다시 한번 바닥을 쳤다. 하지만 나도 그 사이 맷집이 생겼다. 이번엔 삼겹살과 보쌈으로 승부했다. 맛 좋고 품질 좋기로 유명한 '도드람 삼겹살'을 무쇠솥에 구워 팔았고, 소고기에 대한 공포를 돼지고기로 이겨냈다. 메뉴판을 전면 개편했고, 가게 앞에는 '도드람 생삼겹살 전문점'이라는 현수막을 내걸었다.

단골들이 다시 조심스레 가게를 찾기 시작했다. 처음에는 기존 메뉴 대신 삼겹살을 주문했지만 시간이 지나며 자연스레 설렁탕 주문도 회복되기 시작했다. 생고기 삼겹살과 보쌈을 신메뉴로 내걸고 기존 냉면 메뉴에 힘입어 그렇게 고객들의 마음을 다시 얻어갔다.

경기 불황과 다양한 식재료 파동은 요식업 종사자에게 운명의 굴레와도 같다. 나 역시 아직도 매 순간을 버틴다는 생각으로 산다. 하지만 매일 전신주에 올라가던 그 시절이 없었다면 진작 무너졌을 것이다. 그때의 절박함이 만들어낸 끈기와 투지가 나를 여기까지 오게 했다. 전단지를 돌리고 오토바이를 타던 그때가 내 인생에서 가장 처절했지만 동시에 가장 값진 시간이었음을 이제야 고백한다.

작은 설렁탕 가게의 퀀텀 점프

브랜딩은 전화번호부에서 시작되다

 전자신문사에 다닐 무렵, 나는 서울과 수도권을 담당하며 40여 개 지국과 긴밀하게 일했다. 출입처를 돌아다니는 업무 특성상 지국장들과 함께 식사할 일이 많았고, '대중적인 맛'에 대한 감각과 잘되는 식당들이 어떻게 홍보하고 영업하는지 '브랜딩' 감각도 그때 키웠다.

 그 시절에 배운 것 또 하나. 바로 '언론의 힘'이다. 요즘이야 유튜브니 인스타니 하지만, 그 시절엔 '신문에 나온 집'이 최고의 타이틀이었다. 조선, 중앙, 동아 3대 신문에 이름이 실리는 날이면 그 가게는 그날부터 손님들로 문전성시를 이루었다. 맛도 중요했지만 '어디에 소개됐는지'가 더 중요한 시대였다. 그 신문을 직접 만드는 곳에서 일하며 대박집으로 거듭나는 사람들을 숱하게 지켜본 나는 훗날 가게를 열고서도 그 힘을 기억하고 있었다. 그래서 가장 먼저 떠올린 것이 바로 '전화번호부 광고' 였다.

당시만 해도 제대로 된 온라인 채널이 없을 때였다. 방송 작가들은 맛집을 찾을 때면 주로 114에 전화해 물어보고는 했다.

"서울에서 제일 맛있는 설렁탕집 알려주세요."

지금 생각하면 우스울 일이지만 그때는 다들 그렇게 정보를 얻었다. 어느 114 직원이 펼친 전화번호부에 내 가게의 번호가 있었고 그 단순한 연결고리가 운명처럼 이어졌다. KBS 2TV 〈VJ특공대〉 작가로부터 연락이 온 것이다.

처음의 방송 기획은 이병우 여사를 중심으로 촬영하는 것이었다. 소위 '원조', '장인'의 스토리를 다루는 내용이었다. 하지만 그때 내 마음속에서 꿈틀대는 욕심을 감출 수 없었다. 첫날 이병우 여사 위주의 촬영을 마치고 귀가하려는 PD에게 나는 조심스레, 그러나 당당히 제안했다.

"PD님, 저… 대한민국 최초로 설렁탕 제조 전 과정을 공개해 보면 어

〈VJ특공대〉에서는 삽까지 들고 설렁탕의 비결을 소개했다.

떻겠습니까? 데스크에 추가 촬영을 건의해 주시면 있는 그대로 보여드릴게요. 주방, 육수, 뼈 세척, 끓이는 시간까지… 지금까지 아무도 공개하지 않았던 과정 모두요. 원하시는 그림이 있다면 편히 찍어가셔도 좋습니다."

담당 PD는 처음에는 의아한 표정이었다. 그러다 이내 내 눈빛에서 진심을 읽었는지 결국 수긍했다. 그리하여 '설렁탕 원조 이병우 여사'가 아닌, 내가 프로그램의 주인공이 되어 방송에 나가게 되었다. 설렁탕을 끓이는 모든 과정, 푸짐하고 맛있는 결과물, 그리고 무엇보다 음식과 손님에 대해 진심을 담아 이야기하는 내 모습이 전국에 전파를 탔다. 나는 그날 처음으로 '하영호'라는 내 이름 석 자로 소개된 것이다. 나의 설렁탕과 함께.

새로운 시작은 또 다른 기회를 불러왔다. 이 방송을 본 KBS 〈아침마당〉 이은미 PD가 불과 며칠 후 직접 전화를 걸어왔다.

"하 대표님, 방송 잘 봤습니다. 음식에 대한 진심이 느껴지더라고요. 맛집 관련 생방송을 준비하는데 주인공으로 한 번 나오시겠어요?"

〈아침마당〉 출연 당시의 모습. 젊고, 눈빛이 살아 있다.

"아이, 그럼요! 여부가 있겠어요? 제대로 준비하겠습니다."

호기롭게 대답했지만 사실 온몸이 떨렸다. 아침마당은 지금도 그렇지만 당시에는 더 대단한 프로그램이었다, 전국 단위로 방영되는 프로그램, 그것도 생방송이라니! 그 정도면 인지도가, 아니 인생이 확 달라질 수 있는 절호의 기회였다.

드디어 방송 당일. 대기실에서 나는 제작진으로부터 단단히 주의를 받았다.

"방송 중에는 절대 대표님네 상호명을 말씀하시면 안 됩니다. 아시겠죠?"

물론 알겠다고 고개를 끄덕였다. 하지만 생방송은 말 그대로 "쌩"으로 방송되는 법이다. 설렁탕에 대한 이야기를 하다 보니 어느새 '신촌설렁탕'이라는 말이 내 입에서 무의식적으로 세 번이나 튀어나왔다. 고의는 아니었으나 흥분을 감추지 못한 내 열망이 그대로 드러난 순간이었다.

그 방송이 끝나자마자 놀라운 일이 벌어졌다. 매장의 전화기가 불이 나도록 울렸다. 김치 만드는 방법을 알려달라는 문의부터 가맹점 상담 요청, 또 다른 방송 출연 요청까지… 우리의 작은 신사동 가게가 순식간에 뒤집혔다.

재미있는 것은 방송 패널로 함께했던 김병후 정신과 의사, 손범수 아나운서, 그리고 이은미 PD까지 직접 신사동 매장으로 설렁탕을 먹으러 찾아온 일이다. 특히 손 아나운서는 그 이후에도 EBS 사장님과 함께 매봉역 도곡 본점에 점심 식사를 하러 들른 적이 있다. 그는 내 손을 꼭 잡으며 "그날 하신 이야기, 아직도 기억납니다. 설렁탕이 단순한 음식이 아니라는 것을 처음 알았어요."라고 따뜻한 덕담을 건넸다. 남을 감동시키는, 이야기가 있는 설렁탕. 평범한 설렁탕집이 '퀀텀 점프'를 해버린 것이다.

최고의 기술자를 만나다 – 김향규 실장

 설렁탕을 업으로 삼기로 마음먹었을 때, 나는 단 하나의 목표를 가슴에 품었다. '이 나라 최고의 설렁탕 기술'을 내 것으로 만들자. 이병우 여사를 통해 기초를 닦았고, 다양한 위기에 고군분투하며 영업 노하우를 쌓았으니 이제는 남들이 감히 쳐다볼 수 없는 실력자가 필요했다.
 그 간절한 열망이 하늘에 닿은 걸까. 전국 맛집 주방 누비던 무림 고수, 전설처럼 불리던 '김향규 실장'의 이름이 내 귀에 들어왔다. 그는 MBC 〈요리대전〉에서 전체 3위, 설렁탕 부문 대상이라는 화려한 타이틀을 가진 진짜 실력자였다. 손으로 국물의 온도를 가늠하고, 눈으로 육수의 농도를 측정한다는 말이 있는, 살아 있는 설렁탕 장인이었다.
 운 좋게도 우리 가게에 고기를 납품하던 업체를 통해 그가 처우 문제로 최근 퇴사했다는 소식을 들었다. 그 말을 듣자마자 나는 망설임 없이 움직였다. 물어물어 몇 번의 전화 끝에 겨우 그를 만날 수 있었다.
 "실장님, 같이 일합시다. 저는 설렁탕에 인생을 건 사람입니다. 어떤 조건도 맞춰드리겠습니다."
 김향규 실장은 몸집이 큰 편은 아니었지만 눈빛만큼은 카리스마가 있었다. 그는 처음에는 말이 없었다. 그저 내 얼굴을 유심히 관찰하더니 이내 작게 고개를 끄덕였다. 그렇게 우리 주방에 김향규 실장이 합류하게 되었다.

그 후에는 하루하루가 전쟁이었다. 우리는 국물의 미세한 색, 고기의 탄력, 뼈의 끓는 시간까지 일일이 기록하고, 실험하고, 많은 것을 다시 바꿨다. 양지와 사태의 비율, 마지막에 넣는 고명의 종류, 심지어 설렁탕 그릇을 미리 데우는 온도까지, 내가 해오던 모든 것을 낱낱이 검증했다. 김 실장은 항상 말했다.

"하 대표님, 설렁탕은 그냥 푹 끓인다고 되는 게 아닙니다. 이건 과학이에요. 온도 1도 차이, 시간 5분 차이가 맛을 완전히 바꿔놓습니다."

그의 손끝에서 설렁탕은 예술이 되었다. 김향규 실장은 가장 뛰어난 연주자였다. 하얀 국물 위에 떠 있는 초록 파, 입술에 달라붙는 진한 육수, 그리고 은은하게 퍼지는 고소한 향까지. 그와 함께하며 '이런 수준의 맛이라면 누구에게도 밀리지 않겠다'는 자신감도 생겼다.

맛을 책임져주는 사람이 생기니 나는 더욱 깊이 공부하기 시작했다.

김향규 실장을 전면에 내세워 홍보했던 사례들.

설렁탕 관련 논문을 찾아 읽고, 조리 과학 서적을 닥치는 대로 파기 시작했다. 육수의 원리와 단백질 변성에 관한 서적을 읽다 밤을 꼴딱 새우기도 했다. 대학 때도 그렇게 열심히 공부하지 않았는데. 내 모습이 우습기도 했지만 그만큼 간절했다. 전국적으로 창업 문의도 늘었다. 나는 내 노하우를 전하는 '전수창업'을 서서히 준비해 갔다. 또한 전수창업점 50~60곳에 보낼 500여 명의 설렁탕 주방장들의 면접을 보며 그들이 어디에서 일했는지, 근무했던 곳의 레시피를 파악해갔다. 전국의 유명 설렁탕집의 운영 노하우와 요리법을 공부할 수 있는 탁월한 기회였다. 그렇게 내가 직접 만든 설렁탕 대동여지도. 밤을 새우며 쌓은 설렁탕 지식. 최고의 기술자. 나는 비로소 설렁탕 전문가로 다시 태어났다.

동반자의 품격이란 – 조력자 추이삭

김향규 실장을 만날 수 있었던 결정적 계기는 바로 추이삭 씨의 도움이었다. 당시 그는 육가공 회사 '코오코'의 대리로 일하고 있었다. 거래처 사이로만 남을 수도 있었지만 우리의 인연은 좀 달랐다. 그는 내가 누구보다 열정적으로 묻고 배우려 하는 모습을 보고 조언을 아끼지 않았다.

지금까지도 좋은 관계로 이어지고 있는 추이삭 대표와 함께.

"하 대표님, 대표님의 꿈은 혼자서는 이

룰 수 없습니다. 특히 기술이 없으면 장사가 안 됩니다. 운영 노하우만으로는 금세 바닥나요. 이 바닥에서 믿을 수 있는 기술자와 손잡으셔야 오래갑니다."

추 대표는 단순히 고기를 납품하는 관계를 넘어 진정한 파트너가 되어주었다. 그는 김향규 실장을 직접 설득해 본점에 오도록 주선해 주었고, 나와 함께 가맹지 후보지 답사를 가기도 하며 전국을 누볐다. 나중에는 '앵거스월드'라는 법인을 따로 차려 가맹 시스템을 함께 구축해 준 고마운 사람이다. 가맹 1호점이던 경희대점을 시작으로 지금까지도 함께하고 있다.

추 대표는 말이 많은 사람은 아니다. 조용하고 신중한 성격이지만 필요할 때 핵심을 찌르는 조언을 해주었고, 내가 힘들 때면 어떤 말보다 따뜻한 손길을 내밀어 주었다. 그는 내 옆에서 모든 것을 묵묵히 지켜봐 준 사람이다. 진정한 조력자, 흔하지 않은 벗이다.

매주 설렁탕으로 마음을 나눈 사람 – 고(故) 송해 선생님

도곡동으로 가게를 옮기고 몇 달 지나지 않았던 어느 날이었다. 문을 열었는데 아담한 키에 미소가 인자한, 빨간 넥타이를 단정하게 맨 낯익은 신사가 들어왔다.

"이봐요, 여기 설렁탕 맛 좀 봐야겠어요."

친근한 그 목소리를 잊지 못한다. 그 신사는 다름 아닌 송해 선생님이

송해 선생님의 20년 단골집으로 소개된 〈어바웃 타임〉의 한 장면.(자료 출처 : Wavve)

었다. 국민 MC로 누구나 알고 있는 그분이 내 작은 가게에 직접 찾아오신 것이다. 그날 이후, 매주 토요일이면 선생님은 정기적으로 우리 집에 들렀다. 알고 보니 댁이 근처였고, 〈전국노래자랑〉 녹화 전에 꼭 들러서 아침 식사로 설렁탕 한 그릇을 드시는 게 루틴이 된 것이다.

우리 직원들도 그를 좋아했다. 송해 선생님은 언제나 환한 미소로 모두를 대했다. 나이 드신 어르신임에도 불구하고 가게에 들어서면 젊은 이의 에너지가 그대로 전해졌다. 그분이 오시는 날이면 나는 선곡을 미리 준비해 두었다. 특히 송해 선생님이 직접 부르신 노래를 선곡하여 식당에 틀면 선생님은 "허허, 이 집 참 서비스가 좋네." 하고 환하게 웃으셨다. 때론 그 웃음소리에 다른 손님들도 덩달아 행복해했다.

어느 날, 단골이 선물한 동충하초를 선생님께 보여드렸다.

"선생님. 이거 요즘 건강식품으로 인기가 많다는데 한번 보세요."

송해 선생님은 동충하초를 유심히 살펴보시더니 한마디 툭 던졌다.

"건강에 좋아? 그럼, 국물에 넣어봐요. 안 그래도 좋은 게 설렁탕인데 더 보약 같은 국물이 될 거야."

눈이 번쩍 뜨였다. 그 한마디가 계기가 되어 나는 동충하초 설렁탕을

송해 선생님의 20년 단골집으로 소개된 〈어바웃 타임〉의 한 장면.(자료 출처 : Wavve)

개발하게 됐고, 이 메뉴로 나중에 특허까지 받았다.

 이후 방송에서 이 메뉴가 소개되기도 했다. 송해 선생님은 기꺼이 직접 손글씨로 "동충하초 설렁탕 많이 드시고 건강하세요."라는 문구를 써주셨다. 그 정겨운 글귀는 지금도 가게 한 켠에 소중히 걸려 있다. 선생님의 부재를 잊고 살다가도 즐겨 앉으셨던 자리를 보면 그 호탕한 웃음소리가 들리는 것 같다. 그립다.

음식 철학을 일깨워준 사람 – 황광해 평론가

 어느 날, 음식 평론가로 유명한 황광해 씨의 '설렁탕 맛집 TOP 10' 기사를 읽은 적이 있다. 잔뜩 기대하며 스크롤을 내렸는데 우리 가게 이름이 없었다. 당시 나는 방송에도 여러 번 출연했고 나름대로 인지도가 있

왼쪽부터 홍성원 압구정 점주, 황광해 평론가.

다고 생각했기에 그 사실이 마음에 걸렸다. 나는 결국 못 참고 기사 아래 댓글을 달았다.

"혹시 도곡동에 있는 하영호 신촌설렁탕은 아직 못 드셔보셨나요? 한 번 방문해주시면 감사하겠습니다."

설마 했는데 얼마 지나지 않아 황광해 평론가가 본점에 나타났다. 단호하고 날카로운 눈빛, 맛집 평론가 특유의 위압감이 느껴졌다.

"누가 댓글을 달았어요?"

그는 가게에 들어서자마자 쩌렁쩌렁한 목소리로 물었다. 나는 적잖이 당황했지만 곧 태연하게 응수했다.

"제가 달았습니다. 저희 설렁탕도 한 번 맛봐주셨으면 해서요."

그는 아무 말 없이 국물을 한 숟갈 떴다. 긴장된 침묵 속에서 내가 꼴깍 침 삼키는 소리가 들릴 것만 같았다. 그리고 그는 두 번째 숟가락을 들었다.

"음… 이건 진짜네."

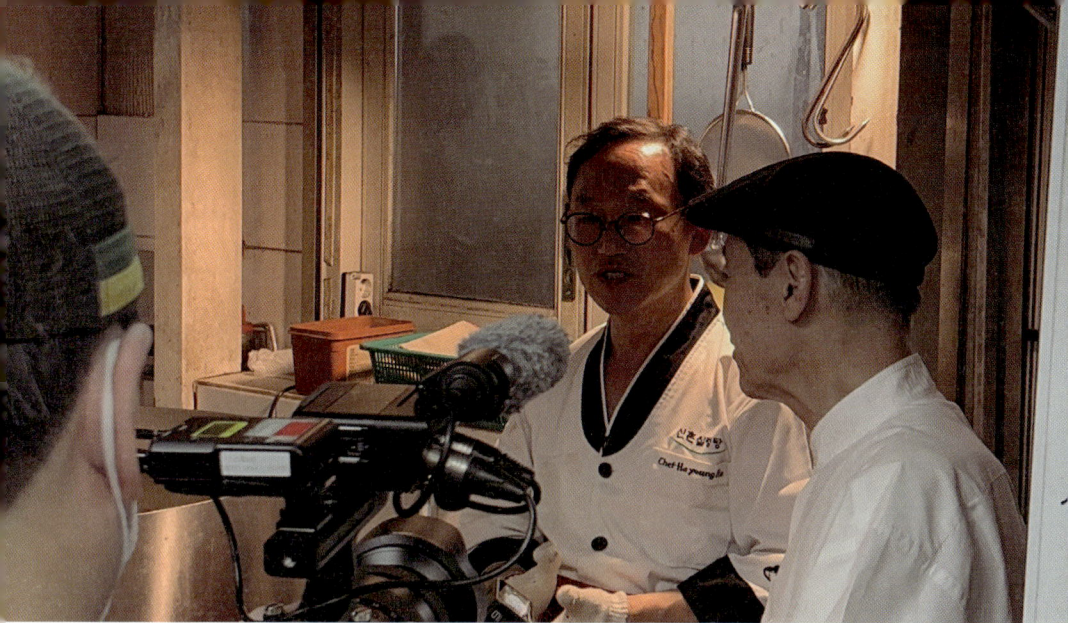
황 평론가와 함께한 방송 출연 모습.

그 짧은 한마디에 나는 눈물이 다 날 뻔했다. 황 평론가는 식사를 마친 후 주방까지 구경했고, 나는 내 설렁탕 철학과 더불어 많은 이야기를 나눴다. 이후로도 그는 동료 칼럼니스트들과 함께 여러 차례 가게를 방문해 나를 음식 전문가로서 인정해 주었다.

'포크와 젓가락'이라는 미식 커뮤니티에 가입한 것도 그의 소개 덕분이었다. 그때부터 나는 음식에 대해 다른 사람들과 교류하며 시야를 넓혀갔다. 22회 넘게 방송에 출연할 수 있었던 것도 황 평론가의 추천 덕분이다.

황 평론가를 비롯한 다양한 미식인들과의 교류에 자극받은 나는 2022년 서울대 식품영양 최고경영자과정에 진학하기에 이르렀다.

그는 내게 늘 강조했다.

"음식도 공부를 해야 합니다. 진정성이 있어야 하고, 만드는 사람의 철학이 담겨야 합니다."

그의 조언은 여전히 내게 큰 자산으로 남아 있다.

그 외에도 잊지 못할 고마운 분들

단순한 단골을 넘어 나의 조력자가 된 고마운 분들이 많다. 테너 임웅균 교수님은 해외 미식가들 사이에서도 유명한 분인데, "이 집 설렁탕은 한국 최고!"라는 격려를 아끼지 않으셨다. 그의 풍부한 성량만큼이나 진심 어린 감탄 역시 힘이 쩌렁쩌렁했다.

진대제 전 정보통신부 장관은 가족들과 자주 들렀고, 본인의 다양한 모임에서 우리 가게를 추천해 주셨다. 언제나 단정한 정장 차림에 부드러운 말투로 직원들에게도 친절하게 대해주신 그분의 배려는 지금도 기억에 남는다.

이병기 국정원장 역시 단골이었다. 그분이 대통령 비서실장으로 영전했을 때, "대통령 비서실장 내정을 축하합니다."라고 현수막을 걸었더니 그의 직원들이 아연실색했던 일화가 있다. 현수막은 수 시간 만에 철거됐지만 그때를 생각하면 지금도 웃음이 난다. 그만큼 우리 가게와 인연이 깊다.

무슨 생각이었을지 모르는 현수막 사건, 뉴스기사가 다 났다. (사진 출처 : 뉴스원)

임웅균 테너와 한 컷.

매장을 방문한 진대제 전 정통부 장관.

PART 2 뭉근히 끓이다 : 실패와 성공

이 모든 인연이 모여 지금의 하영호 신촌설렁탕이 있다. 돌이켜보면 나는 참으로 인복이 많았다. 하지만 단순히 운이 좋았던 것은 아니다. 그 행운의 문이 열렸을 때, 나는 절대로 놓치지 않았다. 전화번호부에 광고를 낸 것도, 첫 방송 출연 제안을 받았을 때, 누구의 그림자로 남기보다 직접 뛰어든 것도, 김향규 실장을 영입하기 위해 노력한 것도 모두 스스로 만들어낸 기회였다.

그리고 무엇보다 사람의 인연을 참 귀하게 여겼다. 눈앞의 이익보다 마음과 마음이 통하는 일을 우선했다. 내게 도움을 준 이들에게는 늘 진심으로 감사했고, 반대로 내가 도울 일이 있을 때는 아낌 없이 손을 내밀었다.

결국 인생이란, 선택과 만남의 연속이다. 한 그릇의 설렁탕처럼, 오랜 시간 정성을 다해 우려낸 진심과 인연은 절대 배신하지 않는다. 내가 만난 소중한 인연들, 그리고 그들에게 내가 건넨 따뜻한 설렁탕 한 그릇. 영원히 사라지지 않을 재산이다.

직영점을 포기한 이유 : 전수창업의 철학

프랜차이즈의 꿈, 그 시작

　대학교 4학년 때부터 프랜차이즈에 대한 관심이 있었다. 당시 일본에서 공부하면서 처음 접한 체계적인 프랜차이즈 시스템은 나를 완전히 매료시켰다. 번화가마다 들어선 똑같은 간판, 동일한 맛, 효율적인 운영 방식… 완벽히 갖추어진 그 모든 것들을 보며 '언젠가 나도 이런 형태의 사업을 하겠다'는 꿈이 내 가슴에 자리 잡았다.

　신사동에 첫 번째 매장을 열 때, 가슴이 터질 듯했던 것도 그런 꿈 때문이다. 작은 설렁탕 가게를 어디서나 볼 수 있는 브랜드로 만들겠다는 야망이 있었다. 이미 전국 곳곳에 '하영호 신촌설렁탕' 간판이 내걸린 모습이 생생했다.

　"지금은 매장 하나지만 곧 10호점, 100호점까지 생각해야 해."

처음 가게를 열 때, 아내에게 한 말이었다. 아내는 그저 웃으며 "이거 하나나 잘 운영하자."라고 답했지만 내 꿈은 이미 그보다 훨씬 멀리 달려가고 있었다.

하지만 나는 금방 현실의 벽에 부딪혔다. 프랜차이즈 사업은 생각보다 훨씬 복잡하고 치밀한 계획이 필요했다. 앞에서도 말했지만 기본적으로 본점을 대박집으로 육성해야 했다. 그것도 그냥 잘되는 집이 아니라 손님들이 줄을 서서 기다리는 소문난 맛집으로 키워야 했다.

그다음 단계로 직영점을 추가로 열어 본점과 비슷한 매출을 올릴 수 있다는 것을 증명해야 한다. 이는 본점의 맛과 서비스를 그대로 복제할 수 있는 시스템이 갖춰졌다는 증거가 된다.

이후 그 시스템 그대로 가맹점 1호점을 열어 높은 매출 실적을 보여줘야 비로소 본격적인 가맹사업을 시작할 수 있다. 이것이 교과서적인 프랜차이즈 사업의 흐름이자 반드시 거쳐야 할 단계다. 그러나 당시 나는 이 모든 것을 뛰어넘어 곧바로 가맹점을 내는 꿈에 부풀어 있었으니 부족해도 한참 부족했던 것이다.

[참고] 프랜차이즈의 일반적인 정의

프랜차이즈(Franchise)는 특정 브랜드나 사업 모델을 가진 본사가 그 브랜드와 사업 운영 방식을 사용할 수 있도록 다른 사업자에게 허가하고 그 대가로 로열티나 수수료를 받는 사업 방식이다. 이때 본사는 '프랜차이저(Franchisor)', 가맹점주는 '프랜차이지(Franchisee)'라고 부른다.

〈주요 특징〉
1. 브랜드 사용 : 프랜차이지는 본사의 브랜드, 상표, 로고 등을 사용할 권한을 갖는다. 이로써 고객들은 어디서든 동일한 브랜드의 제품이나 서비스를 일관되게 경험할 수 있다.
2. 사업 모델 및 운영 매뉴얼 제공 : 본사는 성공적인 사업 운영을 위한 매뉴얼, 노하우, 교육 등을 제공하며, 가맹점주는 이를 따라 사업을 운영한다.
3. 로열티 및 수수료 : 가맹점주는 본사에 일정 금액의 로열티(또는 수수료)를 지불한다. 이는 고정 금액이거나 매출에 비례한 금액일 수 있다.
4. 지역 독점권 : 계약에 따라 특정 지역에서 독점적으로 사업을 운영할 권리가 주어질 수 있다.

자료 출처 : 브런치스토리 〈hugo의 서재〉 참고

직영점을 포기하게 된 계기

KBS 〈아침마당〉과 〈VJ특공대〉에 출연한 후, 전국에서 가맹점 및 기술 전수 문의가 쏟아졌다. 방송의 위력을 실감하는 순간이었다. 하지만 냉정히 돌아보니, 가맹 상담은 밀려오는데 정작 나는 체계적인 프랜차이즈 운영을 위한 준비가 전혀 안 되어 있었다.

특히 문제가 된 것은 '센트럴 키친'과 '중앙 물류 시스템'이었다. 센트럴 키친은 여러 매장에 동일한 품질의 식재료나 레시피를 제공하기 위해 본사에서 대량으로 조리 및 가공을 담당하는 주방이다. 또한 중앙 물류 시

1~4호점 가맹점 개설 액자가 보인다. 경희대점, 일산점, 발산점, 밀양점순이다.

스템은 가맹점에 필요한 재료, 장비, 제품 등을 효율적으로 공급하기 위한 네트워크다. 이 두 가지를 제대로 갖추기에는 어려움이 있어서 불가피하게 전수창업 형태의 프랜차이즈 사업을 시작하게 된 것이다.

더 체계적인 프랜차이즈 사업을 위해 직영점 추가 개설을 여러 번 시도했지만 현실적인 제약도 컸다. 아들이 군대에서 제대하고 사업에 합류할 때까지 약 20년 동안, 나는 아침 9시에 출근해 14시간을 꼬박 일하고 한밤중에 퇴근하는 것이 일상이었다. 아내 역시 수십 년간 그런 나를 서포트하며 집안까지 살피느라 다른 방식의 사업을 펼칠 여력이 없었다.

우여곡절 끝에 절충안으로 시작한 프랜차이즈 사업. 처음에는 전문적인 지식 없이 김밥 체인점 계약서를 본떠서 상호만 바꾼 어설픈 가맹계약서로 사업을 시작했다. 시간이 흐른 후에야 가맹거래사를 통해 정식으로 공정거래위원회에 프랜차이즈 상호를 등록하고 본격적인 사업을 시작했다. 바로 '전수창업형 프랜차이즈' 방식이었다.

[참고] 전수창업형 프랜차이즈의 특징

전수창업형 프랜차이즈는 일반 프랜차이즈와 전수창업의 장점을 결합한 하이브리드 사업 모델이다. 일반적인 프랜차이즈보다 창업자의 자율성이 높고, 전수창업보다는 체계적인 브랜드 지원이 이루어진다.

〈주요 특징〉

1. **기술 및 노하우 전수** : 본사로부터 요리 기술, 서비스 제공 방법 등 고유한 지식이나 기술을 철저히 전수받는다. 일반 전수창업과 달리 초기 교육 이후에도 본사와의 관계가 지속된다.
2. **브랜드 및 상호 사용** : 일반 프랜차이즈처럼 본사의 브랜드와 상호를 사용할 권한이 부여된다. 독립 브랜드로 운영하는 대신 본사의 브랜드를 유지하면서 사업을 운영하여 고객에게 신뢰를 줄 수 있는 장점이 있다.
3. **지속적인 지원** : 본사에서 주기적인 교육, 마케팅 지원, 운영 관리 등을 제공받을 수 있다. 이를 통해 창업자는 처음 배운 기술을 유지하면서도 사업을 지속적으로 발전시킬 수 있다.
4. **로열티 및 수수료** : 일반 프랜차이즈와 마찬가지로 상호 협의에 따른 로열티나 수수료를 지불하지만, 전수창업의 개념이 가미된 만큼 구조가 더욱 유연한 경우가 많다.

자료 출처 : 〈중기 이코노미〉 2023. 03. 03 강성민 기자 기사 참고

'하영호 신촌설렁탕'식 전수창업의 철학

"전수받은 사람의 개성이 반영되어도 괜찮을까요?"

전수창업 프랜차이즈 사업을 하다 보니 같은 질문을 자주 받는다. 나는 항상 이렇게 답한다.

"개성이 반영되는 것은 자연스러운 일이죠."

우리는 재료를 직접 공급하지 않기 때문에 완벽한 통제는 불가능하다.

다만 상호는 동일하게 사용해야 한다. 최소한의 영업권을 보장하기 위해 계약서에 지역 내에서 '하영호 신촌설렁탕' 브랜드의 매장이 중복되지 않도록 명확히 명시한다.

이렇게 계약한 가맹점주가 반드시 지켜야 할 것을 하나만 꼽으라고 한다면 나는 주저 없이 '맛'이라고 답한다. 아무리 좋은 위치, 화려한 인테리어, 친절한 서비스가 있더라도 맛이 없으면 모든 것이 무의미해진다. 가성비와 가심비 모두를 사로잡는 맛이야말로 최고의 경쟁력이다.

그다음으로 중요한 것은 매장의 위치다. 가시성과 접근성이 좋을수록 절대적으로 유리한 것이 사실이다. 음식점의 위치는 고객 유입에 직접적인 영향을 미친다. 접근성이 좋고 유동 인구가 많은 지역에 있는 음식점은 자연스럽게 더 많은 고객을 끌어들일 수 있다.

우수한 서비스 역시 성공의 핵심 요소다. 친절하고 신속한 서비스는 고객의 만족도를 높이고 재방문을 유도한다. 특히 설렁탕이라는 대표 메뉴 특성상 노년층이나 각종 모임에 대한 친밀한 대응은 필수다. 이는 단골손님 유입으로 연결되어 직접적인 매출 증가로 이어진다.

내게 있어 전수창업이란 단순히 기술만 전하는 게 아니다. 나는 음식에 대한 나만의 철학과 진심을 함께 전하는 것을 철칙으로 한다. 빠른 성공을 원하는 가맹점주에게는 어쩌면 잔소리로 들릴지도 모르겠다. 하지만 내가 생각하는 제대로 된 음식점이란 절대적으로 다음의 원칙을 지켜야 한다.

첫째, 손님에게 제공하는 모든 음식은 본연의 맛을 구현해야 한다. 모든 재료가 조화를 이루며, 어느 한 재료에 치우치지 않고 고유의 맛을 살리는 것이 중요하다. 설렁탕 국물의 감칠맛을 위해 MSG를 과하게 넣거나, 깊은 맛을 내야 한다고 지나치게 오래 끓이는 것은 오히려 설렁탕 본연의 맛을 해치는 일이다.

둘째, 모든 식자재의 신선도를 최우선으로 한다. 하영호 신촌설렁탕에서는 당일 삶은 고기와 신선한 식재료를 사용하는 것이 원칙이다. 신선하지 않은 재료로는 아무리 뛰어난 기술이 있어도 진정한 맛을 낼 수 없다.

셋째, 메뉴는 손님 각자의 취향에 맞도록 최대한 맞춤형으로 제공한다. 설렁탕을 맛있게 먹는 방식도 사람마다 다르다. 고기를 좋아하는 손님, 국물을 진하게 즐기는 손님, 탕파를 많이 넣어 드시는 손님 등 각자의 선호에 맞게 정성껏 제공해야 한다.

넷째, "웃음이 없으면 출근하지 마라." 사장부터 직원까지 활기가 넘치는 매장, 늘 긍정적인 마인드로 일하는 것이 중요하다. 손님은 음식뿐 아니라 매장의 분위기도 함께 맛보는 것이라고 생각한다.

다섯째, 사장은 주인이 아닌 '책임자'다. 음식, 서비스, 고객 관리, 식자재 관리, 매장 분위기 등 곳곳의 모든 연출이 곧 사장의 몫이다. 모든 요소가 조화롭게 어우러질 때 비로소 훌륭한 식당이 완성된다.

여섯째, 장애인, 어르신, 몸이 불편하신 분을 최우선으로 진정성 있는 서비스를 제공한다. 돈을 받고 영업하는 식당이란 자고로 누구에게나 따뜻하고 편안한 식사 공간이 되어야 한다.

마지막으로, 정직한 식자재, 착한 가격, 사회공헌활동을 통해 고객과 사회에 보답한다. 이윤만 추구하는 것이 아니라 받은 사랑을 다시 나누는 브랜드가 오래간다.

전수창업을 하며 깨달은 '프랜차이즈'의 진정한 의미

처음 계획과는 달리 선택한 길이었지만 전수창업 방식의 프랜차이즈를 하며 새롭게 깨달은 것도 많다. 무엇보다 전수창업이란 서로의 성장을 돕는 동반자적 관계를 맺는 것이라는 점이다.

먼저 기술과 노하우를 아낌없이 나누되 창업자가 자립할 수 있도록 돕는 것이 중요하다. 내가 오랜 세월 쌓아온 경험과 지식을 체계적으로 전달하고 창업자는 이를 기반으로 독자적인 역량을 키워나가는 것이 전수창업의 핵심이다. 잡은 물고기를 주는 것이 아니라 물고기 잡는 법을 가르치는 것과 같다.

또한 서로 간의 깊은 신뢰가 바탕이 되어야 한다. 나는 내 노하우를 숨

김없이 전하고 창업자는 이를 성실히 배워 자신의 사업에 활용했을 때 반드시 성공했다. 이런 진정성 있는 관계가 성공적인 창업으로, 지속적인 성장으로 이어졌다.

한편 창업자마다 상황과 역량이 다르기에 획일화된 방식이 아닌 맞춤형으로 지원해야 성공 가능성이 높았다. 배움이 필요한 창업자의 능력, 경험, 목표에 맞춰 교육과 지원을 조정했고, 그래야 자신만의 강점을 살린 사업을 펼칠 수 있었다.

무엇보다 나는 창업자의 성공을 내 소명으로 여긴다. 단순히 초기에

2013년에 〈지식경영인 대상〉 프랜차이즈 산업 부문을 수상해 정운찬 전 국무총리로부터 상을 받았다. 그간의 세월이 떠올라 가슴이 벅찼다.

기술을 알려주고 끝나는 것이 아니라 장기적인 안목에서 지속적인 조언과 지원을 제공하는 것을 목표로 한다. 창업자가 어려움에 처하면 함께 해결책을 모색하고 성장 과정에서 필요한 도움을 아끼지 않았을 때 비로소 나 역시 한시름 놓을 수 있었다.

나는 나를 거쳐 간 창업자들이 단순히 설렁탕집을 운영하는 데 그치지 않고 각자의 창의성과 열정으로 사업을 더욱 발전시켜 나가길 바란다. 배움을 바탕으로 자신만의 색깔을 더해 더 큰 성공을 이루는 모습을 보는 것이 내게는 가장 큰 보람이다.

결국, 전수창업은 혼자만의 성공이 아니라 함께 성장하는 여정이다. 나의 지난 세월과 창업자의 열정이 만나 새로운 성공 스토리를 써나가는 것, 그것이 내가 직영점 프랜차이즈를 포기하고 전수창업의 길을 걷고 있는 진짜 이유다.

[참고] 성공적인 프랜차이즈의 핵심 요소

프랜차이즈 사업을 이해하는 데 도움이 되도록 일반적으로 알려진 성공적인 프랜차이즈의 핵심 요소들을 간략히 정리해 보았다. 물론 우리 전수창업형 프랜차이즈는 조금 다른 형태이지만 기본적인 원리를 이해하는 데 도움이 될 것이다.

1. 강력한 브랜드 및 콘셉트
　독특하고 일관된 브랜드 이미지와 가치를 구축해야 한다. 시장에서 차별화될 수 있는 독특한 비즈니스 모델과 콘셉트를 개발해야 성공 가능성이 높아진다.

2. 효율적인 운영 시스템
　표준화된 운영 매뉴얼을 구축하고 체계적인 교육 및 훈련 프로그램 제공해야 한다.

3. 엄격한 품질 관리
일관된 품질 유지를 위한 정기적인 관리 시스템이 필요하다. 이를 통해 신뢰할 수 있는 공급망을 구축하고 관리할 수 있어야 한다.

4. 효과적인 마케팅 전략
다양한 채널을 활용해 브랜드를 홍보하고 고객 충성도를 확보하는 마케팅 전략이 필수다.

5. 가맹점주와의 관계 관리
투명하고 원활한 소통 체계와 공정하고 명확한 계약 조건을 제시하는 것은 기본이다.

6. 재정 관리 및 지원
가맹점의 초기 정착을 위한 융자 프로그램 등 재정적 지원을 하거나 비용 효율성을 높이기 위한 운영 방법을 제공해야 한다.

7. 시장 조사 및 트렌드 분석
시장에 대한 철저한 조사를 바탕으로 변화에 맞춘 새로운 메뉴나 서비스를 개발해야 한다.

자료 출처 : 〈중기 이코노미〉 2023. 03. 03 강성민 기자 기사 참고

하영호 신촌설렁탕의 경우, 일반 프랜차이즈와는 달리, 본사에서는 주로 대표의 미디어 노출과 브랜드 홍보를 담당하며, 전수창업점의 요청이 있을 경우 소스를 제공하는 방식으로 지원한다. 시장 조사나 트렌드 분석 같은 부분은 각 전수창업점이 자체적으로 진행하는 경우가 많다.

청출어람, 남다르게 잘된 매장들

나는 종종 예비 창업자들로부터 이런 질문을 받는다.

"하 대표님, 정말 전수창업으로도 성공할 수 있을까요? 저 같은 초보도 가능할까요?"

그럴 때마다 나는 우리 브랜드의 성공 사례들을 들려준다. 이론이나 말로만 하는 약속보다 실제로 성공한 사람들의 이야기가 가장 큰 증거라고 믿기 때문이다. 2007년부터 지금까지 하영호 신촌설렁탕의 수많은 전수창업자들이 각자의 위치에서 성공 스토리를 써왔다.

여기서 소개하는 가맹점들은 단순히 매출이 높은 매장이 아니다. 이들은 우리의 전수창업 철학을 온전히 이해하고 그것을 자신만의 방식으로 발전시켜 성과를 이뤄냈다. 본사의 노하우를 배우되 각자의 지역과 상황에 맞게 적용하는 지혜를 보여준 모범 사례들이다.

이런 사례를 통해 예비 창업자들은 구체적인 성공의 길을 그려보고, 기존 창업자들은 더 나은 운영 방식을 찾을 수 있기를 바란다. 무엇보다 이 자리를 통해 어려운 시기에도 포기하지 않고 원칙을 지켜온 파트너들에 대한 진심 어린 응원과 감사를 전한다.

신념 하나로 어려운 시기를 이겨낸 대치점

2007년 8월 도곡동으로 본점을 이전할 당시, 우리의 전수창업 가맹점은 10개에 불과했다. 초창기 가맹점 중에서도 가장 적극적으로 본점의 운영 방식을 따르고 개업 전부터 현재까지 잘 준수하고 있는 곳이 바로 대치점이다.

인품이 타고난 이상흔 대표는 사업이 연이어 실패해 어려웠던 시기에 가맹 상담을 받았다. 처음 만났을 때 그의 눈빛에서 진심과 간절함이 느껴졌다. 패기와 성실함으로 가득 찬 그를 상대로 나 역시 대충할 수가 없었다. 직접 가맹점 점포를 물색해 주었고, 목 좋은 자리가 나오자마자 바로 계약을 도왔다. 이상흔 대표는 인테리어, 주방, 집기류까지 본사의 지침을 100% 그대로 수용해 준, 참으로 고마운 가맹점주였다. 그의 신뢰와 믿음에 보답하고자 나도 최선을 다했다.

인테리어 공사가 한창 진행 중이던 2008년, 온 나라가 광우병으로 어수선할 때였다. 소고기로 만드는 설렁탕을 파는 우리로서는 최악의 상황이었다. 매일 뉴스에서는 미국산 쇠고기의 위험성을 경고했고, 거리에는 촛불시위가 끊이지 않았다. 그가 흔들린대도 어쩔 수 없는 상황이었다.

"저기 봐, 또 설렁탕집 생긴대…"

"이 어려운 시기에? 광우병으로 난리인데 장사가 되겠어?"

지나가는 사람마다 오픈 현수막을 보고 한마디씩 던졌다. 더군다나 대치점 주변 경쟁업체들은 이미 단골을 확보하고 있었고 우리는 후발주자로 시작해야 했다. 하지만 묘수가 있었다.

"오픈 기념 설렁탕 50% 할인!"

다른 초기 비용을 아껴 오픈 프로모션에 투자하자는 게 전략이었다. 우리 설렁탕을 한 번 맛보면 그 뒤에는 자연스레 다시 찾을 거라는 확신이 있었고 전략은 적중했다. 오픈 당일, 손님은 인산인해를 이루었고 대치점 직원들은 밀려오는 손님으로 초주검 상태가 되었다. 그래도 기쁨의 비명이었다. 대치점은 개업하자마자 대박집으로 자리를 잡았고 원주점과 서초점에 이어 예비 가맹점주가 개업을 결정하도록 이끄는 데 커다란 계기가 되었다.

당시 대치점의 가오픈 안내 현수막.

개업 이후 이상흔 대표는 매일 아침 7시에 출근해 육수를 직접 끓였다. 내가 가르쳐준 그대로 어떤 과정도 생략하지 않고 정성을 다했다. 손님들은 그 맛의 차이를 알아봤고 입소문이 나기 시작했다.

"대치동에 새로 생긴 설렁탕집 가봤어? 맛이 정말 다르더라."

다행히 대치점은 개업 이후 승승장구했다. 주변의 대박집으로 자리매김했고 어느덧 17년째 한티역의 터줏대감으로 여전히 성업 중이다. 이상흔 대표의 성공 비결은 '성실함'이다. 오픈 후 3년 동안 매일 안부 인사 형식으로 전화를 걸어왔고 궁금한 점이나 문제점을 공유했다. 틈틈이 본사를 방문하여 본점의 음식 맛과 대치점의 맛 사이의 간격을 좁히려고 끊임없이 노력했다. 자기 가게가 바쁜데도 본점의 음식을 직접 맛보고 차이를 체크하는 것은 보통 성실해서는 못할 일이다.

"김치가 오늘은 조금 달라요. 양념이 추가된 건가요?"

"육수가 오늘은 더 진하게 나왔어요. 간은 어떻게 하셨어요?"

사소한 차이도 놓치지 않는 그의 세심함이 결국 대치점만의 일관된 맛을 만들어냈다. 지금까지 좋은 벗으로 지내고 있는 그에게 종종 묻곤 한다.

"이 대표, 처음에 그렇게 힘들 때 어떻게 버텼어요?"

그의 대답은 언제나 비슷하다.

"같이 해보자고 한 거, 끝을 봐야죠. 매일 아침 육수 끓이면서 저 자신과의 약속, 대표님과의 약속을 지켰을 뿐이에요."

대치점의 성공은 우리 사업의 완벽한 표본이 되었다. 어려운 시기에도 포기하지 않고 원칙을 지키며 본점의 맛을 완벽하게 재현해내는 노력,

이것이 바로 진정한 전수창업의 모습이다.

늘 진심으로 임하는 이상훈 대표. 고마운 사람이다.

진심으로 한계를 극복하다, 서초점

도곡동으로 본점을 이전한 후, 우리 브랜드가 경쟁업체에 비해 투자 대비 매출 및 영업이익이 좋다는 소문이 돌기 시작했다. 그리고 점차 입소문이 퍼지며 예비 창업자들의 문의가 확연히 늘어났다. 그러다 2011년, 운명의 순간이 찾아왔다.

MBC 〈찾아라! 맛있는 TV〉에 우리 설렁탕이 방영된 것이다. PPL도 아니고 사전에 어떤 섭외도 없었다. 방송국에서 먼저 찾아와 취재를 요청했고 평소처럼 우리의 음식과 철학을 보여줬을 뿐이다. 그런 진정성이 통했던 것일까? 방송 이후 폭발적인 성장이 시작됐다. 그해 무려 17개의 가맹점이 문을 열었다.

전화기가 쉴 새 없이 울렸고 주말엔 더 많았다. 계약 상담을 위해 사무실을 따로 마련해야 할 정도였다. 우리는 시스템을 더 효율적으로 관리하기 위해 슈퍼바이저 1명을 채용하고 전국 팔도를 누비며 가맹 상담을 다녔다.

"하 대표님, 이번 주에만 부산, 대구, 청주에서 문의가 왔습니다. 다음 주 일정은 어떻게 할까요?"

"한 번에 하나씩, 제대로 해야지. 매장 수를 늘리는 게 전부는 아니니까."

그때를 생각하면 아직도 가슴이 뛴다. 식사를 거를 때도 있었지만 행복한 시간이었다. 지금 생각하면 가장 열정 넘치고 보람찬 순간이었다.

특히 18호점인 서초점은 우리 전수창업 방식의 전환점이 된 매장이다. 오픈 이벤트 때는 이병우 여사께서도 참석하셨다. 80세가 넘는 연세에도 불구하고 정정한 모습으로 매장을 찾은 여사님은 그날 내게 이런 말씀을 하셨다.

"하 대표, 이제 내 이름보다 자네 이름이 더 많이 알려졌구만. 고생했네. 참 잘 컸어."

짧은 한마디였지만 눈시울이 붉어질 정도로 감동적인 순간이었다.

서초점 오픈 행사 때도 끝없이 줄지어 선 손님들로 인해 직원들이 정신이 하나도 없었다. 오픈 첫날, 점심 장사가 끝나고 나니 모든 직원이 땀에 흠뻑 젖어 있었다.

"이렇게 하다가는 직원들이 다 쓰러질 것 같아요. 잠시 쉬었다가 저녁 준비를 해야겠습니다."

17호점 오픈 행사에서 너무 혼이 나서 18호점 서초점에서는 브레이크타임(오후 2시~5시)을 적용해 재정비 시간을 가지는 지혜를 발휘했다. 그렇게 도입된 브레이크타임 시스템은 이후 다른 매장에도 적용되는 좋은 아이디어가 되었다.

서초점도 오픈하자마자 대박이 났다. C급 입지임에도 권리금 3천만 원에 일 매출 300만 원이라는 놀라운 성과를 올렸다. 건물 안쪽에 위치해 간판 노출도 좋지 않았고 주변에 회사나 상가도 많지 않은 불리한 조건이었다. 나 역시도 걱정이 많았다.

"사실 도로변도 아니고 눈에 잘 띄는 자리도 아니라 걱정이었어요. 어떻게 그렇게 잘된 거 같아요?"

서초점 사장님의 대답은 식당 사장이 가져야 할 모범 답안이다.

도로변까지 길게 줄을 서 있던 당시 서초점의 모습.

"하 대표님, 진짜 맛있는 건 결국 알려져요. 손님들이 맛집을 찾는 감각이 정말 무섭더라고요. 오픈 때 오셨던 분들이 꼭 다시 오셨어요. 그리고 그분들이 가족, 친구, 직장 동료들을 데려오셨죠. 저는 그냥 매일 본점에서 배운 그대로 했을 뿐이에요."

서초점의 성공은 C급 상권에서도 잘될 수 있다는 사실을 증명했다. 위치보다 중요한 것은 맛과 정성이라는 우리의 철학을 검증하는 살아 있는 사례가 된 것이다.

지방 상권을 정복한 김천점

지방에서의 사례 중 가장 결정적인 성공 신화는 김천 신시가지에 오픈한 김천점이다. 대부분의 가맹본부가 수도권에 집중할 때, 우리는 과감하게 지방 진출을 시도했다. 처음에는 나도 걱정이 많았다. 과연 서울에 기반을 둔 우리 설렁탕 맛이 지방에서도 통할까? 식문화와 입맛이 다른 지역에서의 평가는 어떨까?

하지만 김천점 사장님은 달랐다. 지역 토박이로 김천의 식문화를 누구보다 잘 알고 있었지만 오히려 그렇기에 우리 설렁탕이 통할 것이라는 확신이 있었다. 그는 김천 신시가지라는 신흥 개발 지역을 과감히 선택했.

"이곳은 앞으로 성장할 지역입니다. 지금은 유동 인구가 적지만 2~3년 후에는 확 달라질 겁니다. 미리 자리를 잡아두고 지역민들에게 우리 맛을 알려야 합니다."

그의 예측은 정확했다. C급 상권에 40평 매장. 분명 좋은 조건이 아니었지만 개업 첫날부터 지역 주민들의 반응은 뜨거웠다. 입소문이 퍼져 인근 도시에서도 손님들이 찾아왔다. 1일 매출 300만 원이라는 성과를 거두자 김천점 사장님은 자신감을 얻어 1년 동안 경북 옥계점, 구미시청점, 그리고 봉산점까지 총 4개 지점을 연이어 개설했다.

김천점의 성공에는 지역 맞춤형 운영 전략도 한몫했다. 본점의 레시피와 운영 방식은 그대로 유지하되 서비스와 마케팅은 지역 특성에 맞게 조정했다. 김천점의 성공은 우리 브랜드가 지방에서도 통할 수 있다는 자신감을 심어주었다. 손님들은 서울 대박집의 맛을 지방에서도 그대로 느낄 수 있다는 점에 큰 매력을 느꼈다. 전수창업 방식의 진가가 빛을 발한 순간이었다. 김천점에서 얻은 교훈은 분명했다. 지역 특성을 이해하

외진 곳이었지만, 사장님의 안목으로 성공한 김천점.

고 새롭게 적용하되 맛의 본질은 절대 타협하지 않는 것, 이것이 전국 어디서나 성공할 수 있는 비결이었다.

최고의 매출로 본점을 능가하다, 명일점

2012년 12월, 강동구 굽은다리역 인근에 명일점이 문을 열었다. 총 대지면적 180평, 주차만 18대가 가능한 대형 매장이었다. 대로변 사거리 가시거리가 좋은 지점이라서 각별히 온 정성을 쏟았다. 명일점 점주는 두산그룹의 디자인 팀장 경험과 대학교수 경력을 바탕으로 능력을 발휘했다. 그러면서도 철저히 본사의 운영 지침을 따라준 참 고마운 분이다. 오픈 후 이 매장은 본점을 능가하는 실적을 올리며 전수창업점 중 최고 매출을 기록했다.

명일점의 성공은 단순히 규모의 경제에 의한 것이 아니라 특별한 비결이 있다. 본점에서 메인 실장으로 오래 근무한 유기정 실장이 명일점으로 자리를 옮겨 활약한 것이 그것이다. 그는 10개 매장의 오픈 실장 역할을 맡아 독보적으로 기여했다. 이 자리를 빌려 그에게 다시 한번 감사의 인사를 전한다.

"유 실장님의 지원까지, 본사가 아니었으면 지금처럼 성공하지는 못했을 것 같아요."

명일점 대표님의 말에는 본사와 가맹점주가 어떤 관계를 맺어야 하는지가 잘 담겨 있다. 좋은 환경과 더불어 본사의 현실적인 지원까지 있다면 성공은 현실이 된다는 것. 크고 넓은 매장, 충분한 주차 공간, 그리고 본점의 맛을 그대로 재현해내는 기술력까지 어우러진 결과로 명일점은 지금까지도 가맹점 중 가장 성공적인 사례로 자리 잡고 있다.

늘 주차장 빽빽이 차가 들어서는 명일점 모습.

가맹점주로서 성공을 꿈꾸는 사장님들을 위한 조언

이런 성공 사례들에서 나는 몇 가지 중요한 교훈을 발견했다. 좋은 브랜드의 가맹점이 된다고 해서 모두가 잘되진 않는다. 어려운 시기에 본사와 함께 살아남기 위해서는 남다른 지혜가 필요하다.

첫째, 위기에서 기회를 포착하라. 대치점은 광우병이라는 최악의 상황에서도 과감한 할인 전략으로 오히려 입소문을 탈 수 있었다. 모두가 움츠러들 때일수록 본사와 긴밀하게 소통하고 가장 효과적인 전략으로 과감하게 나아가는 용기가 필요하다.

둘째, 원칙은 반드시 지키라. 성공한 가맹점들의 공통점은 본점의 맛과 서비스를 유지하기 위해 치열하게 노력했다는 점이다. 이상흔 대표처럼 끊임없이 본점을 방문하며 맛의 차이를 좁히려는 노력, 원칙을 지키려는 마음가짐은 필수다.

셋째, 위치보다 중요한 것은 맛과 정성이다. 모든 사람이 특급 상권에 오픈할 수는 없다. 현실을 인정하고 맛과 운영 실력을 갈고닦아라. C급 상권의 서초점이나 지방 소도시의 김천점처럼, 입지가 좋지 않아도 진짜 맛있는 음식은 결국 손님들이 찾아온다.

넷째, 좋은 노하우를 가진 사람이 성공의 열쇠다. 명일점처럼 경험 많은 핵심 인력 한 명이 사업의 초기 성패를 좌우할 수도 있다. 내가 부족하다면 실력자를 영입해야 하고 때로는 본사에 적극적으로 어필해 도움을 받기도 해야 한다.

이 모든 성공 사례는 하영호 신촌설렁탕만의 전수창업 철학이 실제로 구현된 살아 있는 증거들이다. 단순히 간판만 같은 프랜차이즈가 아니라 맛과 운영 전략 등 사업의 정수를 전달하는 진정한 의미의 창업 지원, 이것이 바로 내가 추구해 온 전수창업의 모습이다.

"맛은 속일 수 없고, 정성은 통한다."

이것이 지난 20년간 전수창업의 멘토로 활동해 온 나에게 남은 가장 큰 교훈이다.

뼈 아팠던 시행착오들

성공 사례만큼이나 실수했거나 실패한 경험들도 소중한 자산이다. 시행착오 없는 성공은 존재할 수 없고 만일 있다 하더라도 한 번의 위기에 크게 흔들릴 수도 있다. 그래서 나는 지금부터 우리가 겪었던 시행착오의 기록을 숨김없이 공유하려 한다. 이 이야기가 누군가에게는 값진 교훈이 되길 바라며.

발길이 끊긴 모둠수육전골, 밀양점

가맹사업 초창기, 먼 곳에서 30대 초반의 새신랑이 찾아왔다. 밀양에서 일식집을 운영하다 실패하고 서울로 상경한 그는 나에게 상담을 요청했다. 그의 부인은 밀양시청 공무원이었고 그래서 자연스럽게 밀양시청

부근에서 매장을 오픈하고 싶어 했다.

"지방에서 가게를 열려면 주차장은 필수예요. 게다가 매장이 한눈에 딱 들어오는 코너 자리가 좋아요. 그런 점포를 물색해보세요."

내 조언에 따라 그는 한 달 동안 밀양에서 최적의 장소를 찾아다녔다. 마침내 후보지를 몇 군데 골라놓고 최종 결정을 부탁하기에 난생처음 KTX를 타고 밀양으로 내려갔다. 버선발로 달려와 반기는 부부의 환대를 받으며 점포 위치를 확정하고 즐거운 마음으로 서울로 돌아왔다.

그렇게 오픈한 밀양시청점 최고의 히든카드는 '모둠수육전골'이었다. 전골냄비 뚜껑 안쪽에 속이 훤히 들여다보이는 채반을 올리고 그 위에 고기와 야채를 수북이 쌓아 손님상에서 즉석으로 끓여 먹는 방식이었다. 1차로 야채가 익으면 고기와 야채를 쌈 싸듯이 함께 먹고, 2차로는 채반 위에 있던 고기와 채소를 전골 육수에 빠뜨려 끓인다. 여기에 추가로 국수사리를 인원수에 맞춰 제공했다. 마지막으로 김치, 김 가루, 참기름, 공깃밥을 넣어 볶음밥으로 마무리하는 일석삼조의 메뉴였다.

오픈 첫날, 함께 현장을 지키다 서울로 올라오는 길에 바로 전화가 왔다.

"대표님! 준비한 모둠수육전골이 다 팔렸어요! 손님들 반응이 너무 좋습니다!"

날이 갈수록 모둠수육전골은 히트 메뉴가 되었고 매출도 좋았다. 하지만 점차 문제가 드러나기 시작했다.

"대표님, 고민이 있어요. 손님들이 대부분 모둠수육전골만 주문하고 다른 메뉴는 안 시키는 거예요. 설렁탕처럼 한 그릇씩 가볍게 먹는 음식

풍성한 모듬수육전골, 지금 봐도 아까운 사례다.

도 주문해야 회전이 될 텐데 저녁 추가 매출이 생각보다 안 나오네요."

점주의 불만이 쌓이기 시작했다. 결국 그는 본점과 사전 협의 없이 국수사리 제공과 볶음밥 서비스를 중단했다. 돌이킬 수 없는 실수였다. 손님들은 점차 줄어들었고 밀양점은 평범한 음식점으로 전락해 5년 후 자취를 감추고 말았다.

밀양점은 참으로 아쉬운 사례다. 아내가 공무원이어서 지인들이 많았고 미끼 메뉴이자 가성비 좋은 모둠수육전골로 지역 맛집으로 발돋움할 기회가 있었다. 하지만 단기적인 이익에 눈이 멀어 장기적인 브랜드 가치를 포기한 안타까운 실패 사례였다.

시한폭탄이 될 뻔한 갈비탕

두 번째 매장으로 확장 이전한 후, 맹대원이라는 덩치 좋고 잘생긴 주방장이 입사했다. 그는 이태원에서 근무하던 고깃집에서 갈비탕을 하루에 200~300개씩 판매했다며 자랑을 늘어놓았다.

"실장님, 그렇게 잘 팔렸다면 우리도 한번 시도해 볼까요?"

원가 계산도 제대로 하지 않고 당시 설렁탕 가격인 6천 원과 동일하게 갈비탕 가격을 책정했다. 결과는 폭발적이었다. 갈비탕은 날개 돋친 듯 팔려나갔다. 신메뉴가 흥행하니 나는 신이 났다. 그런데 팔리면 팔릴수록 뭔가 손해 보는 느낌이 있었다. 어느 날 정신을 차리고 갈비탕 원가를 계산해 보니 세상에, 원가율이 50%가 넘었다. 식당 운영 원리상 원가율이 40%를 넘으면 적자를 보는 구조인데 50%라니! 벌써 적자가 쌓이고 있었던 것이다.

"이대로는 안 되겠군. 가격을 조정해야겠어."

나는 갈비탕 가격을 서서히 올리기 시작했다. 당연히 손님들의 저항이 있었다. 그래도 나는 문제가 심각해진다면 차라리 메뉴를 포기할 요량으로 밀어붙였다. 갈비탕은 준비 과정에 손이 많이 가고 뼈를 포함한 중량이 많아 재료 원가가 높다. 또한 조리 및 식사 시간이 30~40분이나 걸리는 긴 좌석 점유 시간 역시 고려해야 한다. 대형 매장에서는 괜찮지만 소형 매장에서는 회전율 측면에서 어려움이 많아 점차 사라지는 추세다.

이런 점을 전혀 고려하지 않고 덜컥 판매를 시작했으니 큰일 날 뻔했던 것이다. 다행히 한 차례 위기가 지나가고 맛에도 더 집중했더니 겨울철에는 설렁탕 다음으로 많이 팔리는 주력 메뉴가 되었다. '가성비 메뉴'가 아닌 '제값을 받는 메뉴'로 자리 잡기까지의 과정, 참으로 아찔했던 시행착오의 순간이라 할 수 있겠다.

해장국에서 육개장으로, 전환의 미학

도곡동으로 본점을 확장 이전한 후, 신메뉴를 검토하던 중 해장국이 떠올랐다. 나는 청년 시절부터 청진동 해장국에 푹 빠져 살았고, 그중에서도 고기와 내장을 중심으로 한 국물이 특징인 '따로국밥'을 즐겨 먹었다. 본래 술을 마신 다음 날, 해장을 위해 먹는 국으로 새벽이나 아침에 특히 인기가 많지만 평상시 식사 메뉴로도 손색이 없다. 탕반 음식 전문점에도 잘 어울렸다.

계획이 섰으니 서울의 유명 해장국 맛집들을 순례하고 선지가 듬뿍 들어간 청진동 스타일 해장국을 선보였다. 특히 '찰선지'라는, 선지에 막걸리를 부어 숙성하는 방식도 터득했다.

[참고] 찰선지와 막걸리 숙성법

찰선지는 소의 혈액을 응고시켜 만든 것으로 일반 선지보다 더 쫄깃하고 단단한 식감이 특징이다. 국물 요리에 넣었을 때 쉽게 부서지지 않고 형태를 유지하며 씹는 맛이 더 강해 식감을 중시하는 요리에 자주 사용된다. 막걸리는 숙성 과정에서 선지의 잡내를 제거하고 맛을 부드럽고 풍부하게 만드는 데 도움을 준다.

1. **선지 준비** : 선지를 깨끗이 씻어 불순물을 제거한 후, 적당한 크기로 자른다.
2. **막걸리 숙성** : 선지를 막걸리에 담근 후, 일반적으로는 냉장고에서 1~2일 동안 숙성한다. 숙성 시간에 따라 선지의 식감과 맛이 달라질 수 있다. 막걸리의 발효 성분이 선지에 스며들어 맛이 부드럽고 풍부해진다. 이 과정에서 선지의 표면이 막걸리의 발효 성분과 반응하면서 맛이 개선되고 특유의 비린내와 잡내가 줄어들어 먹기 편한 상태가 된다.
3. **막걸리 숙성법의 효과**
- 질감 개선 : 숙성한 선지는 전보다 부드럽고 쫄깃해진다. 이는 요리에서 씹는 맛을 살리는 데 크게 도움된다.
- 조리 효율성 : 선지를 막걸리로 숙성하면 조리 중 부서지거나 질기지 않고 더 균일하게 조리할 수 있다.
- 국물 맛 증가 : 잡내가 제거되고 본연의 맛이 풍부해진 찰선지는 국물에 깊은 맛을 더해준다.

해장국 메뉴는 어느 정도 자리를 잡아가고 있었다. 그러던 중 지인이 어느 소식을 전해줬다.

"하 대표님, 요즘 삼청동에 '육대장'이라는 육개장 전문점이 생겼는데 줄 서서 먹는대요. 한번 가보세요."

다음날 바로 삼청동 육대장에 방문했다. 그 맛에 감탄한 나는 육개장을 신메뉴로 검토하기 시작했다.

"우리도 한번 육개장에 도전해 볼까?"

탕반 음식을 대표하는 우래옥, 한일관, 강서면옥에 더불어 육개장에 칼국수를 넣어 맛집으로 소문난 문배동 육칼집을 차례로 방문했다. 전국의 육개장 맛집을 검토한 후, 우래옥의 파개장 스타일을 롤 모델로 삼았다.

대파를 기본으로 느타리버섯, 목이버섯, 콩나물을 추가하여 '신촌설렁탕 스타일'의 육개장을 개발했다. 새 메뉴를 도입하면서 문제가 된 것은 서로 상충하는 느낌의 해장국이었다. 사실 육개장이나 해장국은 만드는 방식이 크게 다르지 않다. 선지와 내장이 들어간 것이 해장국이고, 들어가지 않은 것이 육개장이라고 보면 된다. 결국 둘 중 하나를 선택해야 했고, 개인적으로 해장국을 좋아했던 나는 아쉬운 마음이 컸지만 트렌드와 고객 선호도를 고려해 육개장을 선택했다.

이 사례는 실패했다기보다는 시장 변화에 맞춰 전략적으로 메뉴를 교체한 경우라고 할 수 있다. 남들이 다 아니라고 해도 밀어붙여야 할 때가 있는 것처럼, 때로는 남들이 다 괜찮다고 해도 포기해야 할 때가 있다. 상황에 맞춰 전략을 수정하는 것도 지혜다.

그 밖의 실패한 시도들과 교훈

사실 지금까지 소개한 것 외에도 수많은 실패가 있었다. 생삼겹살, 보쌈, 콩국수, 칡냉면 등 다양한 메뉴를 시도했지만 정착하지 못한 경우가 많았다. 또한 가맹점 중에서도 동수원점, 제주노형점, 김해점 등 여러 매장이 실패를 겪었다.

이런 다양한 사례들을 분석해 보면 몇 가지 공통된 실패 요인이 보인다. 앞으로 창업을 준비하는 초보 사장님들에게 소중한 교훈이 되기를 바라며 다시 한번 정리해 본다.

1. 원가 계산의 중요성을 간과하지 말라

갈비탕 사례에서 보듯, 아무리 잘 팔리는 메뉴라도 원가가 맞지 않으면 결국 적자를 볼 수밖에 없다. 창업 초기에는 손님을 끌기 위해 가격을 낮게 책정하는 경우가 많은데, 이는 장기적으로 지속 가능하지 않다. 아무리 매력적인 메뉴가 있다고 하더라도 반드시 정확한 원가 계산을 바탕으로 가격을 책정해야 하는 것은 기본 중의 기본이다.

2. 단기적 이익과 장기적 가치의 균형을 유지하라

밀양점의 모둠수육전골 사례처럼, 단기적인 이익만 생각해 서비스를 축소하면 결국 고객 이탈로 이어진다. 때로는 단기적으로 손해를 보더라도 고객에게 가치를 제공하는 것이 장기적으로 더 큰 이익을 가져오는 법이다. 가격과 가치의 균형점을 찾는 지혜가 필요하다.

3. 트렌드를 읽되 전략적으로 받아들이라

해장국에서 육개장으로 전환한 사례에서 알 수 있듯, 시장 트렌드를 파악하는 것은 중요하다. 하지만 모든 트렌드가 내 가게에 맞는 것은 아니다. 내 매장의 특성, 고객층, 위치 등을 고려해 선별적으로 받아들여야 한다. 나 역시 단순히 육개장이 유행한다고 해서 전략을 수정한 것이 아니었다. 트렌드를 선도하는 다른 가게의 방식을 맹목적으로 따라가지 말고, 장점만 냉정하게 적용하라.

4. 실패를 두려워하지 말고 빠르게 배우고 적응하라

실패는 끝이 아니라 새로운 시작이다. 메뉴 하나가 실패했다고 사업 전체가 실패하는 것은 아니다. 중요한 것은 실패로부터 교훈을 얻고 빠르게 방향을 전환할 수 있는 유연성이다. 갈비탕처럼 초기에는 실패한 것 같았지만 전략 수정을 통해 효자 메뉴로 자리 잡은 사례도 있다.

　이러한 교훈들을 마음에 새기고 창업에 도전한다면 많은 시행착오를 줄일 수 있을 것이다. 성공한 사람은 더 많이 실패한 사람이라는 말이 있다. 누구나 처음엔 넘어지고 까진다. 다만 그 속에서 성장의 기회를 찾길 바란다.

"주방, 홀, 인테리어, 마케팅, 고객 관리, 인사 관리까지 모든 요소를 통합적으로 지휘할 수 있어야 한다. 매장이 크던 작던, 그곳을 아름답고 완벽하게 연출할 수 있어야 한다."

Part 3.
풍성히 차리다 : 경영 철학

- 요령보다는 철학
- 경영 철학 1 - 손님 최우선주의
- 경영 철학 2 - 식당 사장은 '마에스트로'여야 한다
- 경영 철학 3 - 배우고 배우고 또 배워라
- 경영 철학 4 - 프랜차이즈 사업가로서의 진심

요령보다는 철학

　장사를 시작하고 어느덧 30년이 넘었다. 처음엔 그저 하루하루 살아남기 위해 장사를 했다. 경영 노하우를 배우고 싶었지만 그럴 여력이 없었다. 요령 없는 나는 모든 것이 시행착오였다. 넘어지고, 일어서고, 또 넘어지다 보면 그제야 알게 되는 것들이 있었다.
　그런데 이상한 것은, 시간이 지날수록 '요령'보다 '철학'이 중요해졌다는 점이다. 요령은 당장의 어려움을 피해 가는 데 도움이 될지 모른다. 하지만 철학은 내가 흔들리지 않도록, 또 방향을 잃지 않도록 하는 나침반이 되어주었다.

　"왜 장사를 하는가?"

"무엇을 팔고 싶은가?"

"어떤 브랜드로 남고 싶은가?"

    이런 근본적인 질문들에 답을 찾아가는 과정에서 나만의 경영 철학이 하나둘 자리 잡았다. 그리고 그 철학이 내 사업의 뿌리가 되었고 지금의 '하영호 신촌설렁탕'이라는 꽃과 열매를 맺게 했다.

    이제 그동안의 여정에서 얻은 나만의 경영 철학을 풍성히 차려보려 한다. 한 그릇의 설렁탕처럼, 정성과 시간을 들여 우려낸 나의 철학에서 여러분이 얻어가는 것이 있길 바란다.

경영 철학 1 – 손님 최우선주의

    사업을 하면서 내가 가장 중요하게 여기는 신념이 있다면 그것은 단연 '손님 최우선주의(특히 단골)'다. 음식점은 물론이고 어떤 사업이든 손님이 없으면 존재할 수 없다. 그런데 많은 사업자가 시간이 흐르면 이 진리를 잊곤 한다. 나 역시 긴 세월, 이 기본을 잊지 않도록 부단히 노력했다.

손님에 대한 겸손과 존중의 마음

    내가 손님을 대할 때 가장 중요하게 생각하는 것은 '겸손'이다. 손님을 가르치려 들거나 경계하거나 내가 더 잘 안다는 태도를 보이는 순간, 그 관계는 깨진다.
    "내가 모르는 그 사람만의 가치가 있다."
    이것이 내가 모든 손님을 대할 때 마음에 새기는 말이다. 매일 수백 명의 손님을 만나지만, 그 한 분 한 분이 모두 다른 삶의 이야기와 가치를 가지고 있다. 그들을 존중하고 배려하는 마음이 없다면 진정한 서비스는 불가능하다.
    손님 역시 사장의 불편한 기색이나 태도 변화를 금방 알아챈다. 겸손하게 고객의 목소리에 귀 기울이고 그들의 피드백을 소중히 여기는 자세가 없다면 손님들은 차별을 느끼고 결국 떠나게 된다.

특히 내게는 오래된 신념이 있다. '음식은 정직해야 한다'는 것이다. 음식에 정성을 다하는 것은 기본이고 그 준비 과정에서도 정직을 지켜야 한다. 운영하다 보면 경기 불황이나 파동 때문에 식재료 값이 오를 때가 있다. 그럴 때마다 '양을 줄일까? 질을 떨어뜨릴까? 가격을 올릴까?' 하는 고민에 부딪힌다. 그때마다 내 선택은 늘 '필요한 만큼의 가격 인상'이었다. 무리하게 가격을 유지하는 것보다 양과 질을 지키는 것이 손님에 대한 최소한의 예의라고 생각했기 때문이다.

"이번 달부터 설렁탕 가격이 천 원 인상됩니다. 재료비 상승으로 불가피한 조치입니다."

수많은 사람이 드나드는 이곳에 늘 배려와 존중이 있도록.

솔직하게 안내하면 대부분의 손님은 이해해 주신다. '맛이 변한 것 같아요.'라는 말을 듣는 것보다 정직하게 가격을 인상하는 것이 장기적으로 손님을 존중하는 길이라 믿는다.

코로나 위기가 증명한 고객 유대와 신뢰

지난 코로나19는 자영업자들에게 극한의 시련을 안겨주었다. 정부의 영업 제한 조치로 저녁 9시 이후에는 매장 운영이 불가능한 상황이 되었다. 24시간 영업을 해오던 우리 가게로서는 난생처음 겪는 일이었다.

그런데 운명이란 참 묘했다. 코로나가 발생하기 2~3개월 전, '배달의민족'에서 가맹점 제의를 받아 음식 촬영까지 마친 상태였다. 다행히 여러 준비가 되어 있었기에 곧바로 배달 서비스를 시작할 수 있었다. 온라인이라는 낯선 상황에서 결정적으로 기여한 것은 아들 하성훈이었다. 젊은 세대의 트렌드를 잘 이해하는 아들은 온라인 고객 관리에 뛰어났다. 리뷰 이벤트를 열고 손님 댓글 하나하나에 지극정성으로 답변했다. 불만 사항이 있으면 즉시 개선하고, 좋은 리뷰에는 감사의 마음을 전했다.

"아버지, 요즘 젊은 사람들은 SNS 리뷰를 정말 중요하게 생각해요. 여기에 정성을 들이면 입소문이 엄청나게 퍼진다고요."

아들의 말은 맞았다. 그의 노력 덕분에 어느덧 매출은 코로나 이전과 비슷하거나 오히려 늘어났다. 새롭고 젊은 고객층이 유입되었고 브랜드 이미지도 강화되는 고마운 일이 벌어졌다.

2020년 1월 1일 신정에는 기억에 남는 일이 있었다. 새해맞이로 대부분의 손님이 사골육수로 만든 떡국과 떡만둣국을 주문했다. 그날 하루 배달만 400그릇이라는 기록적인 주문을 받았다. 홀에는 배달 라이더가 긴 행렬을 이루어 줄지어 있는 진풍경이었다. 그런데 겨우 점심시간이 지났는데 준비해 둔 쌀떡이 모두 소진되고 말았다.

"어떡하지? 손님들 기다리게 할 수는 없는데…"

나는 부랴부랴 인근 대형마트로 달려가 쌀떡을 있는 대로 구입했다. 그리고 온종일 배달 수요를 받아 회사 창립 이래 최고의 매출을 달성했다. 수익에 대한 기쁨도 컸지만 새해의 의미를 담아 떡국을 찾는 손님들에게 따뜻한 음식을 제대로 대접했다는 기쁨이 더 컸다.

코로나가 더욱 심각해졌던 2020년 9월 11일에는 YTN 정오 뉴스 생방

당시 YTN의 보도 화면(자료 출처 : YTN)

송에 출연하는 기회가 있었다. 사회적 거리두기 2.5단계에 대해 자영업자를 대표하여 인터뷰에 응한 것이다. 그날 온종일 뉴스 시간마다 내 얼굴이 방송에 나갔다.

정말 의외였던 것은, 방송을 본 단골손님들의 격려 전화가 이어졌다는 점이다. 또한 한동안 뜸하게 오던 손님들이 다시 찾아오기 시작해 어려운 시기에 큰 힘이 되었다. 그때 나는 다시 한번 고객과의 관계가 얼마나 소중한지, 결국에 남는 것은 손님뿐이란 것을 깨달았다.

진상 손님도 결국은 내 스승

30년 넘게 식당을 운영하다 보면 정말 다양한 손님을 만난다. 그중에는 이른바 '진상 손님'이라 불리는 분들도 있다. 어떤 분은 아무리 맛있게 차려도 늘 불만이고, 어떤 분은 차마 수용할 수 없는 과한 요구를 하기도 한다.

기억에 남는 사례가 있다. 몇 년 전, 한 주에 한 번은 꼭 오시는 단골손님이 계셨다. 항상 같은 자리에 앉기를 고집하셨고, 설렁탕은 반드시 특정 온도(너무 뜨겁지도, 너무 미지근하지도 않게)로 나와야 했다. 밑반찬의 양이나 놓는 위치에도 예민했다. 직원들은 그 손님이 오시는 날이면 긴장했고 종종 투덜거렸다.

"저 손님은 정말 힘들어요. 너무 까다로워서…"

그런 얘기를 들을 때마다 나는 직원들에게 이렇게 말했다.

"그분은 우리 가게의 품질관리사예요. 매주 와서 우리가 일관된 서비스를 제공하는지 점검해 주시는 거라고 생각합시다. 그분이 만족하면 다른 손님들도 틀림없이 만족할 테니까."

시간이 지나면서 우리는 그분의 패턴을 파악했고, 만족할 식사가 되도록 빈틈없이 준비하는 경지에 이르렀다. 놀랍게도 그분은 나중에 우리 가게 최고의 홍보대사가 되었다. 자기 지인을 전부 데려와 "이 집은 맛도 좋지만 서비스가 남다르다."라고 말씀하시곤 했다.

손님의 요구는 때로 번거롭고, 때로는 무리하게 느껴질 수도 있다. 하지만 그 속에는 항상 우리가 배워야 할 것이 있다. 고객의 불만은 뒤집어 생각하면 우리가 놓친 부분을 알려주는 소중한 정보다. 이런 관점에서 보면 까다로운 손님은 우리에게 무료로 컨설팅을 해주는 스승과도 같다.

"고객의 불만은 현장에서 대표가 직접 들어야 합니다."

내가 가맹점주들에게도 여러 번 강조하는 말이다. 손님의 불만을 존중하고 겸손하게 받아들이는 행위가 바로 고객 피드백 시스템이고, 그 핵심은 바로 '현장'에 있다고 믿는다. 종업원이 들은 이야기라도 반드시 매니저나 대표에게 전달하여 점검되어야 한다. 실수는 누구나 할 수 있지만 그것을 묵살하면 절대 개선될 수 없다. 사업가로서 나는 '멈추면 안 된다'는 철학을 가지고 있다. 내가 하고 있는 사업, 음식이 최선인가를 끊임없이 자문자답해야 한다. 그리고 그 과정에 러닝메이트가 있다면 언제나 손님이다.

PART 3 풍성히 차리다 : 경영철학

단골인 손님과 대화를 나누는 것 역시 직당 사장의 '일'이라 생각한다. 늘 반갑고, 고맙다.

설렁탕 마에스트로
한 그릇의 진심

세심함이 만드는 감동의 순간들

우리 가게에서는 다양한 맞춤형 서비스를 제공하기 위해 노력한다. 고객의 입맛에 맞게 간을 조절하거나 추가 고기, 당면, 양념장 등을 선택할 수 있는 옵션을 제공한다. 한 그릇의 설렁탕이지만 그 안에서 손님 각자의 취향을 최대한 존중하려는 노력이다.

오랜 시간 장사를 하다 보니 단골들의 취향을 기억하게 된다. 어떤 분은 파를 많이 넣어 드시고, 어떤 분은 칼칼해야 할 음식에도 고춧가루를 전혀 넣지 않는다. 또 어떤 분은 항상 곁들여 먹는 반찬이 정해져 있다. 우리는 이런 취향을 기억하고 있다가 손님이 오시면 미리 준비하려 노력한다.

자주 오는 손님이 매장에 들어서면 직원들은 서로 눈짓으로 신호를 보낸다. "5번 테이블은 단골 김 선생님, 고기보다는 당면 추가, 파 적게."라는 식이다. 처음에는 이런 세심함이 번거롭게 느껴질 수도 있지만 손님들의 반응을 보면 그 노력이 헛되지 않았음을 알 수 있다.

"어떻게 제 취향을 기억하세요?"
"항상 이렇게 챙겨주시니 정말 감동이에요."

이런 말 한마디 한마디가 우리에게는 최고의 보상이다.

또한 현대인의 바쁜 생활을 고려해 포장이나 배달 서비스에도 많은 정성을 들인다. 배달 시에도 온도와 맛을 유지할 수 있도록 포장 기술을 계속 개선하고 있다. 특히 코로나 시기에 이러한 노력이 빛을 발했다.

'손님 최우선주의'는 말처럼 쉽지 않다. 고객 만족을 우선으로 하다 보면 당장의 이익을 포기해야 할 때도 있고, 더 많은 노력과 비용을 투자해야 할 때도 있다. 하지만 장기적으로 보면 이것이야말로 가장 현명한 경영 전략이라고 나는 확신한다.

결국 음식점이 지켜야 할 단 하나의 자산이 있다면 레시피나 인테리어가 아니라 '손님의 마음'일 것이다. 한 번 찾아온 손님이 두 번 세 번 오는 단골이 되고, 그 손님이 또 다른 손님을 데려오는 선순환 이것이 내가 30년 넘게 이 바닥에서 버틸 수 있었던 비결이자, 앞으로도 지켜나갈 신념이다.

경영 철학 2 – 식당 사장은 '마에스트로'여야 한다

오케스트라를 지휘하는 마음으로

음식점은 단순한 공간이 아니다. 그것은 하나의 무대이며 매일 공연이 펼쳐지는 극장이다. 식당 사장은 이 무대의 마에스트로로서 모든 구성요소가 완벽한 하모니를 이룰 수 있도록 지휘해야 한다. **내게 '마에스트로' 란 단지 오케스트라를 지휘하는 사람이 아니라 모든 요소를 조화롭게 이끌어내는 예술가이자 리더를 의미한다.**

나는 처음 이 일을 시작했을 때 단순히 '맛있는 설렁탕을 만드는 사람'이 되려 했다. 하지만 시간이 흐르면서 깨달았다. 식당으로서 진정한 성공은 단순히 음식 맛에만 달려 있지 않다는 것을. 고객이 우리 가게에 들어와 경험하는 모든 것이 제대로 설계되어 있어야 한다.

주방에서 손님상까지, 모든 것은 일관되고 진실해야 한다.

언젠가 클래식 공연을 보러 갔을 때였다. 지휘자가 무대에 등장하자 모든 시선이 그에게 집중되었다. 그는 단 하나의 지휘봉으로 수십 명의 연주자들을 완벽하게 통제했다. 현악기, 관악기, 타악기가 서로 개성 있는 소리를 내면서도 하나의 아름다운 하모니를 이루었다. 그 순간 깨달았다. '이것이 바로 내가 식당에서 해야 할 일이구나.'

진정한 마에스트로는 단 한 명의 연주자가 틀린 음을 내도 즉시 알아차린다. 마찬가지로 설렁탕 한 그릇이 나가기까지 모든 과정에서 어느 하나라도 흐트러짐이 있어선 안 된다. 육수의 맛, 고기의 식감, 고명으로 올라간 파의 신선함, 그릇의 적당한 온도, 심지어 손님에게 서빙되는 시간까지, 모든 요소가 완벽하게 조화를 이룰 비로소 최고의 한 그릇이 탄생한다.

무대 뒤 보이지 않는 연출의 손길

많은 사람들이 식당은 '음식만' 제공한다고 생각한다. 그러나 그것은 마치 바이올린 한 대를 두고 오케스트라라고 하는 것과 같다. 내가 종종 식당 운영을 종합예술이라고 칭하는 것은 눈에 보이지 않는 곳곳까지 수많은 요소가 있어서다.

가장 기본적인 것이 **매장 내 음악**이다. 특히 나는 설렁탕이라는 전통 음식에 어울리는 선곡을 중요하게 생각한다. 너무 시끄럽거나 현대적인 음악은 설렁탕의 정서와 맞지 않다. 그렇다고 국악만 고집하면 젊은 손님들이 낯설어할 수 있다. 나는 잔잔한 피아노 연주곡이나 경쾌하지만 시끄럽지 않은 재즈, 때로는 모든 세대가 통틀어 잘 알고 있는 발라드 히트곡을 주로 선택한다. 음악의 볼륨도 시간대별로 다르게 설정한다. 바쁜 점심시간에는 약간 높게, 저녁 시간에는 더 낮게 조절해 대화가 편안하게 이루어질 수 있도록 한다.

조명 역시 무시할 수 없는 요소다. 너무 밝으면 편안함이 떨어지고, 너무 어두우면 음식이 잘 보이지 않는다. 특히 설렁탕은 하얀 국물이기 때문에 적절한 조명이 중요하다. 그냥 허연 국물이 아니라 건강하고 맛깔난 보양식으로 보이게 하는 것. 그 지점을 찾아야 한다.

매장의 온도와 습도 또한 손님의 식사 경험에 결정적인 영향을 미친다. 특히 뜨끈한 국물이 특징인 탕반 음식이어서 더 그렇다. 너무 더우면 한 술 뜰 때마다 쏟아지는 땀 때문에 식사에 집중할 수 없고, 습도가 맞지 않으면 고깃국물의 향이 제대로 퍼지지 않는다. 계절과 날씨에 따라 매장 온도를 미세하게 조절하는 데 집중하는 이유다.

인테리어는 그런 연출의 핵심이자 꽃이다. 설렁탕은 우리의 전통 음식이며 그 역사와 문화적 가치를 존중하는 것은 매우 중요하다. 하지만 동시에 현대인의 취향과 트렌드를 무시할 수는 없다. 하영호 신촌설렁탕의 인테리어는 그 중간을 택했다. 설렁탕의 정서를 담은 전통적인 요소를 유지하면서도 다른 한편으로는 현대적 감각을 가미했다. 나무 소재를 많이 사용하고 한국적인 문양을 포인트로 넣었지만 불편한 좌식 구조보다는 편안한 의자를 선택한 이유다. 설렁탕을 담는 그릇도 마찬가지다. 설렁탕에 주로 쓰는 뚝배기가 아닌 고급스러운 방짜유기를 택한 것도 모두

보이지 않는 주방에서도, 지휘자가 된 마음으로.

설렁탕 마에스트로
한 그릇의 진심

연출이고 전략이다.

 설렁탕집 인테리어가 파스타집 같아서는 안 된다. 하지만 곳곳에 모던한 액자는 걸려 있어야 하고, 어딘가 스치듯 트렌디한 느낌은 살아 있는 게 좋다. 정체성은 지키되 시대에 맞게 연출하는 것이 핵심이다.

스토리텔링의 힘을 아는 지휘자

 단순히 테크닉만 갖췄다고 해서 마에스트로라고 불리지 않는다. 지휘자는 음악이 전하는 이야기, 그 감정과 역사를 이해하고 전달할 수 있어야 한다. 마찬가지로 식당 사장은 자신이 다루는 음식의 역사와 스토리 정도는 제대로 알고 그것을 흥미롭게 손님에게 전달할 수 있어야 한다.

 설렁탕은 단순한 음식이 아니고 우리 선조들의 문화와 지혜가 담긴 문화유산이다. 나는 기회가 될 때마다 손님들에게 설렁탕의 유래를 들려주고는 한다. 고려시대 몽골군의 침략 당시, 군사들이 짧은 시간에 많은 사람들을 먹이기 위해 만든 '슈루'에서 유래했다는 설과, 조선시대 선농단(先農壇)에서 풍년을 기원하는 제사를 올린 후, 소를 통째로 삶아 백성들과 나눠 먹던 데서 비롯되었다는 설 등이 그것이다.

 음식의 역사를 알면 그 음식에 대한 애정과 존중이 생기고 더 깊은 차원에서 맛을 음미할 수 있다고 믿는다. 내가 다루는 음식의 원형과 본질, 역사성을 이해하고 손님에게 전달하는 것, 이것 역시 식당 사장이 갖춰야 할 역량 중 하나다.

음식 조리 과정에도 스토리텔링의 요소가 있다. 손님이 그 과정을 알 수 있으면 자연스럽게 몰입도가 높아진다. 우리 매장은 완전히 오픈키친은 아니지만 조리 과정의 일부를 보여주는 반 오픈 구조로 설계했다. 여러 매체를 통해 설렁탕을 끓이는 큰 솥을 자주 노출하는 것 역시 스토리텔링을 위해서다. 다양한 경로로 스토리텔링의 소재를 찾고 전달하고자 하는 노력은 결국 맛의 경험을 한층 더 풍요롭게 한다.

직원들을 훌륭한 연주자로 이끄는 리더십

마에스트로에게 가장 중요한 자질은 무엇일까? 그것은 바로 연주자들 위에 군림하는 것이 아니라 좋은 방향으로 이끄는 '카리스마'다. 지휘 실력이 아무리 뛰어나도 연주자들의 신뢰와 존경을 얻지 못하면 좋은 공연을 끌어낼 수 없다. 식당도 마찬가지다. 나는 직원들을 단순한 '일꾼'이 아니라 각자의 악기를 연주하는 '연주자'로 본다. **다양한 악기의 앙상블처럼 주방장과 홀 매니저, 서빙 직원의 역할과 움직임이 조화롭게 어우러질 때, 손님에게 완벽한 경험을 선사할 수 있다.**

직원 교육에도 이런 철학을 반영한다. 단순히 '이렇게 해라'가 아니라 '왜 이렇게 해야 하는가'를 설명한다. 또한 출중한 실력보다는 태도와 마음가짐을 강조한다. 직원들의 진심과 활기찬 에너지는 음식 맛 못지않게 중요한 요소다. 연주자 한 명 한 명의 마음가짐이 공연 전체에 영향을 미치는 것은 당연하다.

손님의 마음까지 연주하는 마에스트로

마에스트로의 최종 목표는 "자아실현"이 아니라 "관객을 감동시키는 일"이어야 한다. 아무리 기술적으로 완벽하더라도 감동을 이끌어내지 못한다면 의미가 없다. 맛있는 음식, 편안한 환경, 따뜻한 서비스가 어우러져 하나의 잊지 못할 경험을 만들어내는 것. 내가 추구하는 길이다.

진짜 실력자는 멈춰 있는 사람이 아니라 끊임없이 발전하는 사람이다. 마찬가지로 나는 30년 넘게 설렁탕을 끓여왔지만 여전히 더 나은 방법을 찾고 있다. 식재료의 품질, 조리 방법, 서비스 스타일, 매장 환경까지 모든 면에서 '완성'이란 없다고 생각하고 가장 훌륭한 하모니를 찾기 위해 노력해야 한다.

"그래서 식당 사장은 마에스트로여야 한다."

이것이 내가 후배 사장님들에게 전하고 싶은 메시지다. 주방, 홀, 인테리어, 마케팅, 고객 관리, 인사 관리까지 모든 요소를 통합적으로 지휘할 수 있어야 한다. 매장이 크든 작든, 그곳을 아름답고 완벽하게 연출할 수 있어야 한다. 그것이 바로 진정한 식당 사장의 역할이자, 사명이다.

경영 철학 3 – 배우고 배우고 또 배우라

멈추면 도태된다, 평생 공부하는 자세

한 분야의 전문가가 되기 위해서는 현장 경험이 물론 바탕이 되어야 한다. 하지만 그 이상의 성장을 불러오는 것은 '공부'다. 처음 설렁탕 식당 창업을 준비하면서 최고의 명인에게 사사하고 동시에 도서관에서 요식업 성공 사례를 공부하면서 날을 지새웠던 것도 그런 이유다.

오랜 세월 이 업계에서 살아남으며 깨달은 것이 있다면, 장사가 잘된다고 배움을 멈추는 순간 경쟁력은 서서히 약해진다는 사실이다. 우리는 변화의 소용돌이 속에 살고 있다. 오늘의 성공 공식이 내일도 통할 거라는 보장은 없다. 새로운 음식 트렌드, 새로운 조리 기술, 새로운 경영 방식이 끊임없이 등장한다. 변화의 흐름을 읽지 못하면 결국 뒤처질 수밖에 없다.

그래서 나는 지금도 공부를 게을리하지 않는다. 사업이 안정기에 접어든 이후로 오히려 더 열심히 배우려 한다. 그것이 지금의 자리를 지키는 현명한 방법임을 알게 되었기 때문이다.

최고에게 배워 최고가 된다

2011년, 나는 연세대학교 프랜차이즈 최고경영자과정 19기(FCEO)에 입학했다. 우리나라를 대표하는 프랜차이즈 CEO들을 만나고 그들의 노하우를 배울 기회였다. 그리고 그 인연은 10년이 지난 지금까지도 이어져 총동문회 활동을 열정적으로 하고 있다.

김가네, 놀부보쌈, 굽네치킨 등 내로라하는 CEO들을 선배이자 멘토로 만날 수 있었던 것은 내게 큰 행운이었다. 그들에게서 배운 것은 단순한 경영 지식이 아니었다. 한국 외식산업의 선구자로서 어떤 자세와 철학으로 사업에 임해야 하는지를 생생한 경험과 지혜를 통해 배울 수 있었다.

이 쟁쟁한 CEO들에게서 발견한 공통점이 있다면 그것은 바로 '배움에 대한 끊임없는 열정'이었다. 이미 최고의 자리에 올랐음에도 불구하고 그들은 여전히 매일 공부하고 연구했다. 때로는 그런 에너지가 어디서 나올까 경탄할 때도 있었다. 새로운 트렌드를 분석하고 해외 사례를 연구하며 때로는 실패 역시 냉정히 인정하고 배우는 모습이 인상적이었다.

또 한 가지 놀라웠던 점은 그 '배움의 범위'였다. 단순히 음식뿐만이 아니라 부동산, 마케팅, 인적 자원 관리, 심지어 IT와 디지털 트렌드까지 폭넓게 공부했다. 한 회장님은 이미 70대의 나이였지만 디지털 마케팅에 대해 젊은 사람 못지않게 열정적으로 공부하던 모습이 기억에 남는다.

이러한 모습은 내게 큰 자극이 되었다. '저분들도 아직까지 공부하는데 나는 얼마나 더 배워야 하나?'라는 생각이 마음 한 켠에 자리 잡았다. 그때의 열정과 성장에 대한 갈망은 내가 지금까지도 공부하는 원동력이 되고 있다.

연세대 FCEO 과정을 공부하던 시기는 공교롭게도 내 사업의 최절정기와 맞물렸다. 방송 출연이 잦아졌고, 한 해에만 17개의 가맹점이 개설

되는 행운이 따랐다. 그런데도, 아니 그렇기 때문에 더욱, 나는 공부의 필요성을 절감했다. 사업가에게 성공이란 끝이 아니라 더 큰 책임의 시작이기 때문이다.

연대 FCEO 과정 졸업식. 사뭇 젊다.

학문의 전당에서 맛의 과학을 탐구하다

시간이 흐르면서 음식에 대해 더 과학적인 공부가 필요함을 느꼈다. 설렁탕도 제대로 이해하려면 단순히 맛이 있느냐 없느냐를 넘어 그 속에 담긴 영양학적 원리와 과학을 알아야 한다는 생각이 들었다. 이런 내 생각에 뜻밖에도 아내가 불을 붙였다.

"이왕 공부할 거면 서울대에 가서 제대로 해보는 게 어때요."

평생 나를 지지해 준 아내의 현명한 조언에 힘입어 서울대 식품영양산업 CEO 과정에 도전하기로 결심했다. 코로나로 인한 상황이 조금 나아진 2022년, 마침내 서울대학교 생활과학대 식품영양 최고경영자 과정(FNP) 14기로 입학했다. 60대의 나이에 다시 학생이 된다는 것은 쉬운 결정이 아니었다. 하지만 '음식을 다루는 사람이라면 그 음식에 대해 끝까지 파고들어야 한다'는 신념이 있었다.

연세대 CEO 과정과 비교했을 때, 서울대는 등록금과 입학 수준이 월등히 높았다. 14기로 입학한 동기 중 30%가 석박사 출신이었다. 우리 기수에는 국내 유명 식품 기업의 CEO들과 외식업계 리더들이 함께하기도 했다. 청춘다방으로 유명한 한경민 대표는 젊은 나이에도 불구하고 트렌드를 읽는 놀라운 안목을 가지고 있었다. 전국적으로 500개 이상의 가맹점을 운영하는 땅스부대찌개 김영국 대표는 성공에도 불구하고 늘 진중한 모습이 인상적이었다.

연세대에서 함께 공부했던, 피자 업계의 강자로 성장한 알볼로피자의 이재욱 대표도 이번 과정에서 또 만날 수 있었다. 단골손님으로 자주 우리 매장을 찾던 천호식품의 김영식 회장님도 동문으로 만날 수 있어 반가웠다.

서울대 과정에서 가장 값진 경험은 팀 프로젝트다. 우리 팀은 '시니어 음식으로서 설렁탕과 곰탕의 영양학적 효능'을 주제로 연구를 진행했다. 나는 설렁탕의 전문가로서 실무 경험을, 다른 팀원들은 영양학적 지식을 함께 공유하는 귀한 시간이었다.

"하 대표님, 설렁탕에 우리가 몰랐던 가치가 정말 크네요!"

사골과 잡뼈를 오랜 시간 고아 내는 과정에서 칼슘, 콜라겐, 아미노산 등 다양한 영양소가 우러나오고, 이것이 노년층의 뼈 건강과 면역력 증진에 실질적인 도움이 된다는 사실을 과학적으로 확인한 순간이었다.

이 과정에서 나는 내 평생의 동반자이자 하영호 신촌설렁탕 성공의 일등 공신인 아내와 함께 "부부 동반 특강"을 진행하는 영광을 얻기도 했다. 30년 넘게 함께 버텨온 시간이 최고의 실력자들 앞에서 인정받는 가슴 벅찬 순간이었다.

서울대에서의 시간은 나에게 두 가지 큰 변화를 불러왔다. 하나는, 설렁탕에 대한 학술적인 이해를 바탕으로 한 자신감이고, 다른 하나는, 끊임없이 배우는 자세의 중요성이다. 그동안 쌓아온 경험을 학문적으로 검증하고 보완하며 스스로 전문가가 되었다는 뿌듯함이 있었다.

긴 세월 사업가로 고군분투해 온 우리 부부의 이야기로 큰 박수를 받았다.

녹록지 않은 시간이었지만 나의 배움이 결국은 모든 가맹점의 성장과 발전으로 이어지고 결국 한 그릇의 설렁탕에 담겨 손님들에게 전해지리라 믿는다.

배움은 책임이다

나는 아직도 시간이 날 때마다 다양한 강연을 듣고, 여전히 좋은 기사는 스크랩하며, 새로운 정보를 얻게 되면 꼭 리포트로 정리해 기록을 남긴다. 이것은 평생 배우고자 하는 열망이자 나의 작은 실천이다.

외식업계 동료들에게 조언하자면, 사업이 안정되고 매출이 좋다고 해서 연구와 공부를 소홀히 하지 않았으면 한다. 가끔은 매출이 좋은 식당 사장님들이 "이제 시도할 게 없다."라고 말하는 것을 듣는데 그런 생각은 위험하다고 본다. 오히려 사업이 잘될수록 더 배워야 장기적으로 성공할 수 있다.

진정한 장인은 배움에 끝이 없다는 겸손함을 지닌 사람이다. 30년 넘게 설렁탕을 끓여도 여전히 삐끗할 때가 있고, 특히 경영과 사업에 있어 공부할수록 모르는 것이 많다는 것을 깨닫는다.

'배우고 배우고 또 배우는 것!'

이것은 단순한 자기 계발이 아니라 외식사업가로서 우리가 이 치열한 시장에서 살아남고 고객에게 더 나은 가치를 제공하기 위한 가장 책임감 있는 방법이라고 믿는다.

경영 철학 4 – 프랜차이즈 사업가로서의 진심

가맹점주들에게 늘 강조하는 것이 있다.

"하루아침에 맛집이 되는 곳은 없습니다. 진심을 담아 꾸준히 한결같이 정성을 다하면 손님들이 그 노력을 알아줍니다."

'노력'과 '진심'. 수십 년간 이 길을 걸어오며 깨달은 불변의 진리다. 외식사업은 마라톤과 같다. 한순간의 에너지로 내달리는 100m 단거리가 아니라 42.195km를 완주해야 하는 긴 여정이다.

동시에 이것은 내가 프랜차이즈 사업가로서도 마음에 품고 있는 철칙이다. 내 이름 석 자를 믿고 외식사업이라는 한 배에 탄 사람들. 그들과 함께하는 긴 여정이 성공에 다다를 수 있도록 나는 진심으로 노력하고 있다.

전국 각지에 '하영호 신촌설렁탕'이라는 간판을 달고 영업하는 가맹점들을 볼 때마다 가슴이 무거워진다. 매장 수가 늘어날 때마다 느끼는 것은 단순한 자부심이 아니라 엄중한 책임감이다. 내가 전수한 노하우로 수많은 가정이 생계를 꾸려가고 있다는 사실은 때로는 무거운 짐이 되기도 한다.

하지만 그 마음의 짐은 피하고 싶은 것이 아니라 기꺼이 짊어져야 할 책임이다. 그래서 나는 나의 젊은 날과 시행착오, 성공 비결을 쪼개고 쪼개 면밀하게 전하는 데 주저함이 없다. 내가 전수한 노하우로 성공한 가맹점주들을 볼 때의 뿌듯함, 그리고 아직 어려움을 겪고 있는 가맹점들을 위해 밤새 고민하는 나날들. 이 모든 것이 지난 30년의 결과다.

경기가 좋지 않을 때면, 요식업의 위기가 대두될 때면 새벽녘에 잠에서 깨어 가맹점주들의 얼굴을 떠올릴 때가 있다. 한 번은 지방의 어느 가맹점에서 매출이 좋지 않다는 소식을 듣고 한걸음에 달려간 적이 있었다. 잔뜩 풀이 죽어 있는 대표님과 주방부터 꼼꼼히 점검했다. 국물 맛이 본점과 달랐다. 다시 한번 그들과 함께 육수를 끓이며 하나하나 알려주었다.

수많은 가맹점주가 함께한다는 것. 무거운 책임이자 자부심이다.

"대표님이 잘못하신 건 없어요. 다만 불의 세기, 온도 등을 놓치지 않도록 늘 집중하셔야 합니다."

이런 경험을 할 때마다 이름을 내걸고 사업을 한다는 책임감이 얼마나 큰지 다시 한번 깨닫는다. 내 노하우를 전수받은 사람들은 단순한 '사업 파트너'가 아니다. 한솥밥을 먹지는 않지만 같은 맛을 만들어내는 '동반자'다. 그래서 나는 늘 그들에게 말한다.

"어려운 일이 있으면 언제든 연락하세요. 여러분이 어려울 때 도움이 되지 못한다면 제 이름을 내건 의미가 없습니다."

'하영호 신촌설렁탕'이라는 이름은 단순한 브랜드가 아니다. 누군가에게는 희망이고 또 누군가에게는 약속이다. 지금도 어디선가 내 노하우를 배우려는 사람이 있다면 나는 모든 것을 아낌없이 나눌 준비가 되어 있다. 그 지식과 경험이 누군가의 성공으로 이어질 때, 내 지난 날들이 보상받는다고 느낀다.

그리고 이것이 내가 모든 가맹점주에게 전하고 싶은 진심이다.

"대표가 자신이 다루는 음식의 역사와 문화적 맥락,
그리고 재료의 특성까지 정확히 이해하고 있을 때,
그것은 단순한 지식의 축적이 아니라
음식에 대한 존중과 진정성으로 이어진다."

Part 4.
더 깊이 맛보다 : 탕반 음식의 세계

- 진한 국물에 밴 역사와 의미
- 하영호 신촌설렁탕의 비법 1 : 도가니와 사골
- 하영호 신촌설렁탕의 비법 2 : NO-MSG 정책
- 변주가 아닌 연주, 탕반 기반의 메뉴 포트폴리오
- 설렁탕, 아직도 창업해도 될까?

진한 국물에 밴 역사와 의미

　시간이 흐르면서 나는 설렁탕과 탕반 음식에 대한 깊은 공부의 필요성을 절감했다. 어쩌면 설렁탕이 단순히 음식이 아니라 우리나라의 훌륭한 문화유산이라는 생각이 들었기 때문이다. 특히 설렁탕을 중심으로 다양한 탕반 음식으로 메뉴를 확장해 가면서 나는 이 전통 음식을 제대로 알고 발전시켜야 한다는 일종의 사명감을 느꼈다. 진정한 전문가는 자신의 지식을 통해 다음 세대에 가치를 남기는 사람이라는 생각이 들었다.

　언론에서 나를 설렁탕 전문가로 소개할 때마다 그 무게감은 점점 더해졌다. 표면적인 지식이 아닌 진정한 이해와, 문화적 맥락까지 파악하는 전문성이 필요했다. 다양한 분야의 전문가들 - 병원장, 영양학과 교수, 음식 평론가 들 - 이 내 식당을 방문할 때마다 나는 그들과의 대화에서 내 지식의 한계를 발견했고 더 깊은 공부의 필요성을 느꼈다.

요식업 종사자, 특히 대표가 자신이 다루는 음식의 역사와 문화적 배경을 이해하는 것은 단순한 지식을 쌓는 차원을 넘어선다. 제사를 지내며 조상을 기억함으로써 자신의 뿌리와 정체성을 확인하듯, 내가 매일 만드는 음식의 근원과 의미를 제대로 알 때 비로소 그 가치를 지키며 발전시킬 수 있다. 이것이 바로 내가 말하는 '뿌리 있는 변형'의 정신이다. 전국적으로 알려진 식당으로서, 특히 설렁탕이라는 전통 음식으로 이름이 알려진 사람으로서 나는 이러한 책임감을 더욱 무겁게 느끼게 됐다. 그래서 이번 기회에 오랜 시간 수집하고 연구한 지식을 체계적으로 정리하고자 한다. 이 내용이 설렁탕과 탕반 음식의 길을 걷고자 하는 후배들에게 요긴한 길잡이가 되기를 바란다.

설렁탕의 역사성과 유래

설렁탕의 기원에 관한 가장 대중적인 설은 조선시대 제례 의식에서 찾는다. 조선 왕조에서는 왕이 직접 농경 의식에 참여하는 전통이 있었는데, 서울 동대문구 전농동(典農洞)에 위치한 선농단(先農壇)에서 이루어진 이 의식 후에는 참여자들이 함께 음식을 나누었다. 이때 제공된 주요 음식 중 하나가 소를 이용한 국물 요리였다고 전해진다.

설렁탕이라는 명칭도 이 '선농단'에서 비롯되었다는 견해가 있고, 이는 대중적으로도 꽤 알려진 설이다. 그만큼 설렁탕은 농경 문화와의 깊은 연결고리가 있고, 농부들에게 필수적인 영양원이었으며, 대규모 인원이 함께 즐길 수 있는 실용적인 음식으로 발전했다. 소의 뼈와 고기를 오랫동안 끓여 얻는 이 진한 국물은 영양이 풍부했고, 힘든 농사일 후에 체력을 회복하는 데 더없이 좋았을 것이다.

역사적 흐름 속에서 설렁탕은 왕실이나 특정 계층만의 음식에서 벗어나 일반 대중의 식탁에 자리 잡게 되었다. 이 과정에서 설렁탕이라는 이름이 정착된 것으로 보이는데, 선농단에서의 행사 음식인 '선농탕(先農湯)'이 시간이 흐르면서 발음이 변형되어 '설농탕(雪濃湯)', 그리고 최종적으로 '설렁탕'으로 변화했다는 설이 유명하다. 또 다른 관점에서는 '설렁탕'(雪濃湯)이 한자로 풀이하면 '눈처럼 진한 국물'이라는 의미를 담고 있다고 보는데, 이는 국물의 하얀 색과 그 깊은 맛을 표현한 것으로 해석된다.

雪(설) : 눈 — 국물이 뽀얗고 하얀 것을 의미
濃(농) : 진할 농 — 진하고 깊은 맛을 나타냄
湯(탕) : 탕 — 국물 요리

[참고 자료] 조선시대 왕실의 식생활과 설렁탕

육식 문화 : 조선시대 왕실은 육식을 즐겼으며, 특히 소고기는 귀한 식재료로 인식되었다. 설렁탕의 주재료인 소뼈를 활용한 다양한 요리가 왕실 식탁에 올랐을 가능성이 크다.

제사 음식 : 조선시대에는 중요한 제사에서 소를 제물로 바치는 전통이 있었다. 제례 의식 후 남은 고기를 활용해 국물 요리를 만들어 나눠 먹는 풍습이 있었을 것으로 추정되며, 이런 관습이 설렁탕의 원형이 되었을 수 있다.

> **궁중 요리서** : 조선시대 궁중 요리 문헌에는 다양한 국물 요리에 관한 기록이 존재한다. 이러한 역사적 자료를 분석하면 설렁탕과 유사한 요리들이 존재해 왔다는 것을 알 수 있다.
>
> 출처 : 규합총서(저자 : 빙허각 이씨), 산가요록(저자 : 전순의), 조선왕조실록, 동국세시기(저자 : 홍석모)

설렁탕은 몽골 음식이다?

몽골의 전통 요리인 슈루(Shulu)는 설렁탕과 흥미로운 유사점을 보인다. 슈루는 몽골인들이 소고기나 양고기를 주재료로 만드는 전통 국물 요리다. **주로 육류와 다양한 채소를 함께 넣고 오래 끓여 먹는 이 음식은, 고깃국물에 밥을 말아 먹는 한국의 설렁탕 문화와 상당한 공통점을 지닌다.**

역사적으로 고려 후기에 원나라의 지배를 받으면서 몽골 문화와 음식 전통이 한반도에 유입되었다는 사실은 잘 알려져 있다. 이러한 문화적 교류 시기에 몽골식 국물 요리의 조리법이 한반도에 전해져, 후에 설렁탕과 같은 고깃국물 요리의 발전에 영향을 주었을 가능성이 제기되는 것이다.

유목민으로서 몽골인들은 가축을 중심으로 한 식문화를 발전시켰다. 고기를 오랫동안 끓여 먹는 그들의 조리 방식은 유목 생활에 적합했으며, 이러한 요리 기법이 한반도에 전파되어 오랜 시간을 거쳐 소고기를 주재료로 하는 설렁탕의 형태로 정착했을 가능성도 있다.

설렁탕의 유래에 대한 최종적인 결론

설렁탕의 정확한 기원에 대해서는 아직 명확한 역사적 증거가 부족한 실정이다. 다만 조선 세종 시기의 기록에서 설렁탕과 관련된 흥미로운 일화를 찾을 수 있다.

"임금께서 선농단에서 친경(親耕) 의식을 거행하시던 중, 폭우가 내려 움직일 수 없게 되었다. 신하들이 배고픔을 호소하자 임금은 의식에 사용된 소를 잡아 물에 끓이게 하고, 여기에 소금을 넣어 함께 먹었다."

그러나 설렁탕을 특정 사건이나 장소에서 기원한 음식으로 단정 짓기보다는 여러 문화적 요소가 오랜 시간을 거쳐 자연스럽게 발전시킨 요리로 이해하는 것이 더 타당할 것이다. 조선시대의 제례 음식 전통에서 시작되어 끊임없이 변화하고 발전해 온 것이 한식의 특성이며, 설렁탕 역시 이러한 흐름 속에서 형성된 음식이라 볼 수 있다.

몽골의 슈루에서 영향을 받았다는 주장은 직접적인 역사적 증거보다는 문화 교류의 가능성에 기반한 가설로 볼 수 있다. 몽골의 유목 문화와 한반도의 농경 문화가 상호 영향을 주고받으며 발전한 음식 중 하나로 설렁탕을 보는 관점도 분명히 있다. 다만 슈루의 조리법과 특징을 자세히 살펴보면 현재의 설렁탕보다는 오히려 곰탕에 더 가까운 특성을 보인다는 점도 주목할 만하다. 곰탕과 그 원형에 대해서는 뒤에서 더 이야기하고자 한다.

왕이 먹었다던 설렁탕, 언제부터 서민화되었나?

설렁탕 문화가 꽃핀 곳들의 위치적 특징도 흥미롭다. 한국의 설렁탕과 해장국 같은 음식들은 주로 종로 피맛골을 중심으로 번성했다. **주목할 점은 이런 곳들이 종로 대로변이 아닌 뒷골목이라는 사실이다. 바로 서민들의 거리다.**

설렁탕의 대중화는 조선 후기에 본격적으로 이루어졌다. 농경 사회에서 소의 도축이 더 일반화되면서 설렁탕과 같은 소고기 요리가 서민들 사이에서도 먹을 수 있는 음식이 되었다. 특히 조선 후기의 경제 발전과 도시화, 상업의 활성화는 이러한 음식이 널리 퍼지는 데 중요한 역할을 했다.

당시 한양(지금의 서울)의 시장에서는 장날마다 설렁탕이 인기 있는 음식으로 판매되었고, 이는 자연스럽게 서민 식문화의 일부가 되었다. 따라서 설렁탕은 특정 왕이나 귀족에게만 연관된 음식이라기보다 **조선시대의 다양한 사회적, 역사적 맥락 속에서 발전한 대중적인 음식으로 볼 수 있다.** 특히 조선 후기 사회 구조의 변화와 함께 설렁탕은 널리 사랑받는 서민 음식으로 자리 잡았으며, 이 과정에는 여러 요인이 복합적으로 작용했다.

설렁탕에 다양한 부산물과 선지, 내장 부위 중 하나인 지라(비장)가 포함된 이유는 서민 음식으로서의 특성이 강화됐기 때문이다. 같은 뼈 국물에 선지가 사용되면 선지해장국이 되고, 저렴한 소 머리 부위를 활용하면 소머리국밥이 된다. 내장을 주재료로 사용하면 내장탕으로 불린다. 현대 설렁탕에도 여전히 소의 지라나 우설(소 혀) 같은 부위가 사용되는데, 이는 모두 정육보다 저렴한 '허드레 부위'들이다. 서민들이 즐겨 먹는 대중 음식이었기에 비싼 부위를 사용할 수 없었고, 그 결과 선지, 부산물, 우거지 등이 주요 재료로 활용되었다.

이처럼 설렁탕의 기원은 여러 문화적 요소가 복합적으로 어우러진 결과물로 이해할 수 있으며, 이는 역사적 문헌이나 증거보다는 다양한 문화적 가설로서 논의되고 있다. 명확한 기록은 없지만 고려와 조선시대를 거치며 소고기와 뼈를 활용한 국물 요리가 꾸준히 발전해 왔음은 분명하다.

설렁탕의 형제들, 사골곰탕과 곰탕에 대하여

설렁탕을 하다 보면 자연스레 곰탕과 그 밖의 탕반 음식들에 대한 지식이 쌓이게 된다. 기본적으로 설렁탕과 사골곰탕은 상당히 유사하다고 볼 수 있다. 설렁탕이 사골에 도가니, 양지머리를 함께 넣고 오랫동안 끓여내는 음식이라면, 사골국은 사골만을 주재료로 하여 우려내는 음식이다.

두 요리 모두 뼈의 진액을 우려낸 국물이 중심이기 때문에 담백하고 깔끔한 맛이 특징이지만, 설렁탕은 다양한 재료가 더해져 사골국보다 약간 더 복합적인 풍미를 지닌다. 설렁탕에 파를 푸짐하게 넣어 먹는 이유 역시 고기에서 우러나는 누린내를 중화하기 위함이다.

설렁탕의 핵심인 뼈에 대해서만 해도 알아야 할 지식이 상당히 많다. **설렁탕은 기본적으로 소의 부산물을 활용한 국물 요리, 즉 탕(湯)의 일종이다. 반면 곰탕은 소고기 정육을 끓인 국물, 즉 대갱(大羹)으로 볼 수 있다.** 대갱은 '제례 때 신위 앞에 올리는, 쇠고기로 끓인 맑은 국'을 뜻하는 말이다. 설렁탕 역시 대갱에서 시작됐다는 설이 유력한 만큼, 설렁탕과 곰탕은 서로 다른 음식이지만 유사성 역시 강하다.

무궁무진한 뼈의 세계, 설렁탕

설렁탕의 기본은 소의 사골과 잡뼈에서 우려낸 육수다. 전통적인 설렁

핏물을 빼고 있는 사골. 어떻게 다루느냐에 따라 설렁탕의 맛이 달라지는 중요한 재료다.

탕 조리법은 대형 가마솥에 뼈를 장시간 끓이다가 중간에 차돌양지를 넣어 함께 삶는 방식이다. 이를 기본으로 하는 음식점이 주를 이루며, 업소마다 자신만의 특색을 살리기 위해 머리뼈, 사골, 우족, 목뼈, 등뼈, 마구리 뼈 등을 추가해 사골 국물에 다양한 맛과 영양을 더한다.

일부 음식점에서는 가마솥에서 뼈만 따로 끓여 사골육수를 만들고, 고기는 별도로 삶아서 손님에게 제공하기 직전에 두 가지 국물을 혼합하는 방식을 사용하기도 한다.

> **[참고 자료] 뼈의 종류마다 다른 특징**
>
> ※ **사골**(상완골, 전완골, 대퇴골, 하퇴골)은 국물에 진하고 걸쭉한 질감을 부여한다.
> ※ **머리뼈**에는 콜라겐, 지방, 골수 성분이 풍부해 구수하고 고소한 풍미를 더한다.
> ※ **잡뼈**는 독특한 구수함을 제공한다. 뼈에 붙어 있는 고기와 혈액 성분이 많아 사골보다 약간 붉은 빛을 띤 국물이 특징이다.

암소와 황소의 잡뼈는 각각 특성이 다르다. 암소는 상대적으로 나이가 적고 육질이 부드러우며, 지방이 적고 섬세한 맛을 지닌다. 암소 뼈는 지방과 결합조직이 적어 국물이 맑고 부드러운 맛을 내는 경향이 있다. 이로 인해 암소 잡뼈로 만든 국물은 깔끔하고 가벼우면서도 맛이 깊다.

반면 황소는 성숙한 수소로 체구가 크고 강건하며 지방과 결합조직이 풍부하다. 황소 잡뼈는 지방 함량이 높고 결합조직이 많아 국물이 더욱 진하고 걸쭉해진다. 황소 잡뼈로 만든 국물은 진하고 풍부한 맛이 특징이며, 걸쭉한 질감과 깊은 감칠맛이 난다. 이는 황소의 풍부한 지방과 결합조직이 국물에 더 다양한 성분을 우려내기 때문이다.

> **암소 잡뼈** : 국물이 깔끔하고 맑으며, 지방이 적어 부드러운 맛과 섬세한 풍미가 특징이다.
> **황소 잡뼈** : 국물이 진하고 걸쭉하며, 풍부한 지방과 결합조직으로 인해 깊고 풍성한 맛을 낸다.

독특한 감칠맛과 구수함이 있는 황소 잡뼈.

결론적으로, 더 맑고 부드러운 국물을 원한다면 암소 잡뼈를, 진하고 깊은 맛을 선호한다면 황소 잡뼈를 선택하는 것이 좋다.

우리고 우려 깊은 맛, 사골곰탕

사골곰탕은 주로 소의 사골을 주재료로 한 국물 요리다. 사골에는 지방과 결합조직이 풍부해 국물이 진하고 걸쭉해지며, 깊은 맛과 진한 색상을 띤다. 사골을 장시간 끓여 뼛속 성분까지 완전히 우려내는 것이 특징이다. 사골곰탕의 국물은 설렁탕보다 더 진하고 걸쭉한 색을 띠며, 사골의 지방 성분 덕분에 부드럽고 깊은 맛이 난다.

사골곰탕은 사골만으로 국물을 내거나 때로는 고기를 함께 넣어 삶다가 중간에 고기는 따로 건져내고 사골과 고깃국물이 혼합된 형태로 완성하기도 한다.

> **맛** : 사골곰탕은 진한 농도와 걸쭉한 질감이 특징이며 깊은 맛이 일품이다. 사골에서 우러나는 지방과 결합조직이 국물에 부드러움과 풍부한 풍미를 더한다.
> **국물 색상** : 일반적으로 진하고 걸쭉하며 약간 부연 유백색을 띤다.

사골은 주로 암소의 것과 거세 소의 것을 쓴다. 이 둘도 각기 다른 특성을 보이는데, **암소의 사골은 지방과 결합조직이 상대적으로 적다.** 암소는 일반적으로 나이가 어리고 육질이 부드러워 사골에서 우러나는 맛이 깔끔하고 섬세하다. **암소 사골로 만든 국물은 맑고 부드러운 맛을 지니며 지방이 적어 더 깔끔한 느낌을 준다.**

거세 사골은 성장을 촉진하기 위해 거세된 성숙한 수소의 사골로, 지방과 결합조직이 풍부하다. **거세 과정을 거친 소는 지방 함량이 높고 근육 발달이 좋아** 사골 역시 그런 특성을 반영한다. 국물은 진하고 걸쭉하며 깊고 풍부한 맛이 특징이다. **지방과 결합조직이 많아 더 기름지고 눅진한 질감이며 진한 맛을 원할 때 적합하다.**

> **암소 사골** : 맑고 부드러운 국물을 내며 지방이 적어 깔끔한 맛이 특징이다.
> **거세 사골** : 진하고 걸쭉한 국물을 만들어내며 풍부한 지방으로 인해 깊고 풍성한 맛을 제공한다.

진한 맛을 낼 때 사용하는 거세 한우 사골. 뼈가 크고 튼튼하다.

잡뼈부터 고기까지, 끝없이 진화하는 곰탕

곰탕은 소의 여러 부위를 활용해 만드는 국물 요리다. 일반적으로 소의 머리뼈, 잡뼈, 사골 등의 뼈 부위와 다양한 고기 부분을 함께 사용한다. 이러한 다양한 뼈와 고기(머릿고기, 사태, 치마살, 볼살, 양지 등)를 장시간 끓여 진한 육수를 만들어낸다. 국물의 맛과 농도는 사용된 재료에 따라 크게 달라질 수 있다. 최근에는 뼈를 사용하지 않고 고기만으로 국물을 우려내는 방식이 주류를 이루고 있다.

맛 : 곰탕은 설렁탕에 비해 걸쭉한 정도가 덜하고 국물 맛이 더 맑고 깔끔한 경향이 있다. 다양한 고기와 뼈에서 우러나는 맛이 조화를 이루지만 설렁탕보다는 덜 진하다. 특히 **고기만으로 만든 국물은 깔끔한 맛과 뛰어난 감칠맛이 특징이다.**
국물 색상 : 설렁탕보다 맑고 투명하며 밝은 색조를 띤다.

곰탕의 '곰'은 '고음'에서 유래했다. 동사 '고다'의 명사형으로 '푹 곤 것'을 의미한다. '고음'은 한자로 '膏飮'으로 표기되기도 하는데, '고(膏)'는 '살찐', '기름진'이라는 뜻과 함께 식물이나 과일의 진액을 의미한다. 이름에서 말하듯 곰탕은 재료를 오랫동안 끓여 진액을 추출한 음식이다.

곰탕은 예부터 '大羹(대갱)'으로도 불린다. '큰 국물' 또는 '기본이 되는 국물'이라는 의미로, 전통적으로 제사상에 올랐다. 오늘날에도 '탕국'이라는 이름으로 제사 음식으로 사용된다. 대갱은 수천 년의 역사를 가진 중국 전통 음식이지만 한국에서도 지금까지 이어져 오며 여전히 대중적인 음식으로 사랑받고 있다. 흥미롭게도 중국에서는 이 전통이 점차 사라진 것으로 보인다. '조선왕조실록/세종실록/세종오례/길례/찬실도설'에는 대갱에 대한 다음과 같은 설명이 있다.

"대갱(大羹)은 육즙(肉汁)뿐이요, 양념[鹽梅]이 없는 것이다. 아주 오랜 옛날에는 저민 날고기뿐이니, 다만 그 고기를 삶아서 그 즙만 마시고 양념을 칠 줄은 알지 못하였다. 뒤 세상 사람이 제사 지낼 적에는 이미 옛날의 제도를 존중하는 까닭으로 다만 육즙만 담아 놓고 이를 대갱이라 이른다."

여기서 양념(鹽梅, 염매)은 소금과 매실을 의미한다. "염매가 없다"는 것은 양념하지 않았다는 뜻이다. 양념하지 않은 순수한 고깃국물이 바로 대갱이며 오늘날의 곰탕과 연결된다. 양념은 일반적으로 음식의 맛을 강조하는 역할을 하는데, 왜 양념하지 않은 음식을 귀하게 여겼을까?

　유교 경전인 '예기 교특생(禮記_郊特牲)'에는 "대갱을 조미하지 않는 것은 그 바탕[質, 질]을 귀히 여기기 때문이다."라고 기록되어 있다. 즉, 고기를 오랫동안 끓여 우러난 국물 본연의 맛이 대갱의 핵심이다. 이것이 바로 고깃국의 원래의 맛, 기본 맛이다. **고깃국물 본연의 풍미를 살리기 위해 다른 양념을 첨가하지 않는 것처럼 소박함을 지키는 음식, 그것이 곰탕과 대갱의 철학이다.**

> **[참고 자료] 대갱의 유래와 특징**
>
> **① 용어의 유래**
> **대갱의 의미** : "대갱"은 한자로 '큰(大)'과 '국물(羹)'을 합친 단어로 '큰 국물' 또는 '기본이 되는 국물'을 의미한다. 대갱은 중국 고대 요리에서 중요한 위치를 차지했으며 주로 왕실의 제사나 연회에서 사용되었다.
>
> **② 조리 방식**
> • 재료 : 대갱은 고기와 뼈를 주재료로 하며 다양한 재료가 첨가될 수 있다.
> • 조리법 : 고기와 뼈를 오랜 시간 동안 끓여 영양가가 높은 국물을 만드는 방식이다. 이 과정에서 고기의 맛과 영양을 최대한 국물에 우려낸다.
>
> **③ 문화적 의의**
> • 의식 음식 : 대갱은 주로 제사나 큰 의식에서 조상에게 바치는 음식으로 사용되었으며 조상의 덕을 기리고 왕실의 권위를 상징하는 중요한 음식이었다.
> • 영양과 건강 : 고대부터 영양가가 높은 국물 요리로 여겨져 왕실과 귀족들이 건강을 유지하는 데 중요한 역할을 했다.

탕반 음식의 원형들, 얼마나 닮아 있을까?

　그간 내가 공부해 온 자료를 바탕으로 탕반 음식의 원형으로 손꼽히는 음식들의 특징을 최종적으로 정리했다.

	슈루	설렁탕	곰탕	대갱
주재료	1. 다양한 육류(소, 양, 염소 외에 지역에 따라 말, 낙타 고기 등 사용) 2. 채소(감자, 당근, 양파, 파, 셀러리, 마늘)	소뼈, 소고기 (양지)	소고기(양지, 사태, 내장 등), 대파	소의 뼈, 특히 사골과 같은 부위가 많이 사용됨
국물	진하고 탁함. 다양한 재료의 맛이 난다.	뽀얗고 진함. 뼈의 풍미가 강함.	맑고 투명함. 고기의 풍미가 강함.	국물이 깔끔하고 담백하다.
조리법	양고기와 소고기, 야채를 함께 넣고 간단히 끓이는 방식으로, 몽골 특유의 허브나 양념이 첨가되기도 한다.	주로 소뼈와 양지를 사용하며, 간을 하지 않은 맑은 국물에 소금과 후추로 맛을 내는 것이 일반적이다.	고기를 오래 끓이고 고아 육향과 맛을 최대한으로 끌어올린다.	다양한 향신료와 약재를 함께 넣어 진한 맛을 내며, 의례적 의미가 강해 고대 문헌에 기록된 전통 조리법을 따른다.
특징	다양한 재료의 조합으로 영양소를 골고루 섭취	진하고 구수한 맛	깔끔하고 담백한 맛	
기원	몽골 유목민들의 전통 음식	조선 시대부터 서민층과 왕실에서 모두 즐겼던 요리	제사나 중요한 연회에서 사용	고대 중국의 전통 국물 요리로, 중요한 제사나 연회에서 제공

비교 분석 결과, 설렁탕은 몽골의 슈루보다는 중국의 대갱, 곰탕과 더 많은 유사점을 보인다. 이처럼 슈루, 설렁탕, 곰탕부터 해장국, 선짓국, 육개장까지 고기와 뼈를 주재료로 하는 국물 음식은 서로 영향을 주고받으며 무한히 발전해 왔다. 같은 뿌리를 두고 무한히 변화해 온 탕반 음식의 세계관을 잘 담고 있는 글이 있어 원문 그대로 공유한다.

> **곰탕은 진화한다**
>
> 소 대가리를 푹 곤다. '소머리곰탕'이다. 고기는 정육이 아니다. 소 대가리의 살코기다. 소 대가리는 곰탕의 재료가 아니다. 설렁탕의 재료다. '사골(四骨)'은 소, 돼지 등의 네 다리다. 사골곰탕은 소의 네 다리를 푹 고았다는 뜻이다. 고기는 다리 살과 연골조직 등이다. 사골 역시 곰탕의 재료는 아니다. 설렁탕 재료다.
>
> 대갱, 육즙, 곰탕은 맑다. 소머리곰탕이나 사골곰탕은 유백색이다. 곰탕은 설렁탕 재료와 뒤섞인다. 나쁘게 볼 일은 아니다. 곰탕의 변화, 진화다.
>
> 소머리곰탕이든 곰탕이든 설렁탕이든 따질 바는 아니다. 맛있고 푸짐한 변화, 진화한 곰탕이다.
>
> — 맛 칼럼니스트 황광해

맛의 뿌리를 찾아가는 내 여정의 의미

설렁탕과 탕반 음식에 대해 이렇게까지 파고드는 내 모습을 내 모습을 보고 사람들이 종종 묻는다.

"그렇게 집요하게 공부하는 게 실제 영업이나 마케팅에 도움이 되나요?"

나는 단호하게 대답한다. 당연히 그렇다고.

짧은 시간이지만 손님들과 소통하면서 내가 쌓은 지식을 나누는 순간들이 있다. 예를 들어, 저염식을 선호하는 **손님에게 "소금은 단순히 짠맛을 내는 것이 아니라 중요한 미네랄 공급원으로 적절히 사용하면 건강에 유익합니다."**라고 설명하면 손님은 음식을 더 풍부하게 이해하고 즐길 수 있다. 음식이 짜다, 싱겁다는 불만 대신, 음식의 본질을 이해하는 경험을 선사하는 것이다.

그러나 이는 단순한 영업 전략 이상의 의미가 있다. 나는 설렁탕이라는 음식의 문화적 계승자로서의 책임감을 느낀다. 우리 조상들이 수백 년 동안 다듬고 발전시켜 온 이 소중한 식문화를 제대로 이해하고, 보존하고, 다음 세대에 온전히 전달하는 것이 내 사명이라고 생각한다. 대표가 자신이 다루는 음식의 역사와 문화적 맥락, 그리고 재료의 특성까지 정확히 이해하고 있을 때, 그것은 단순한 지식의 축적이 아니라 음식에 대한 존중과 진정성으로 이어진다.

2009년 〈선농문화축제〉에 팔도 대표 설렁탕으로 선정된 적이 있다. 설렁탕 대표 축제에서 소개돼 영광이었다.

이러한 진정성은 손님들이 느끼는 신뢰로 이어지고, 결국 음식의 맛과 식당의 가치를 높이는 근본이 된다. 나는 이 오랜 탕반 음식의 전통을 지키면서도 시대에 맞게 발전시키는 과정을 통해 단순한 끼니가 아닌 우리 식문화의 깊은 맛과 이야기를 전하고 싶다. 이것이 내가 설렁탕의 역사와 문화적 맥락을 깊이 탐구하는 진짜 이유다.

하영호 신촌설렁탕의 비법 1 : 도가니와 사골

　전통적인 설렁탕은 주재료로 왕사골, 잡뼈를 혼합해서 사골육수를 만든다. 하지만 같은 재료를 써도 어떤 비율로, 어떤 방식으로 다루느냐에 따라 그 맛은 하늘과 땅 차이다. 내가 지금의 신촌설렁탕 맛을 찾기까지는 수없이 많은 시행착오와 실패의 과정이 있었다.

　1980년대 이전에는 사골, 잡뼈에 머리뼈를 추가해서 설렁탕을 만드는 설렁탕집이 있기도 했다. 여기에 우족이나 소마구리 등을 추가해서 사골육수를 만들었다. 당시만 해도 식당마다 자신만의 비법과 조합이 있었지만 대부분은 경험에 의존했고, 과학적으로 어떤 조합이 최상인지 명확히 알지 못했던 것이 사실이다.

　어떤 설렁탕집에서는 사골육수를 만드는 과정에서 소 혀(우설), 소 곱창, 도가니, 양지 등을 함께 삶아 건져내고, 완성된 사골육수의 국물 농도를 조절하여 기준치에 다다르면 가마솥의 불을 끄고 육수를 퍼내어 찬물에 식힌 후 바로 손님상에 제공했다. 물론 일부 사골육수는 냉동실에 얼려서 소기름을 제거하고 포장 판매하는 것이 설렁탕집의 일반적인 패턴이기도 했다.

하영호 신촌설렁탕은 이런 전통적인 방식에 새로움을 더했다. 기존의 설렁탕 기본 재료에서 한발 더 나아가 소 1마리에서 나오는 7가지 뼈(왕사골 포함)를 특별한 비율로 혼합해서 사골육수를 제조한다. 나름대로 독창적이다.

[참고 자료] 기존 설렁탕과 하영호 신촌설렁탕 비교

	기존 설렁탕	하영호 설렁탕
주재료	❶사골, 잡뼈 ❷머리뼈, 사골 ❸사골, 잡뼈, 우족	❶사골 ❷쪽사골 ❸잡뼈 ❹마구리 ❹도가니 사골 ❺등뼈 ❼목뼈
특징	국물이 시원하고 고소하다.	콜라겐 함유량이 많고, 국물이 부드럽다.

왕사골 절단 작업 중에 한 컷.

처음부터 이런 비법을 알았던 건 아니다. 사실 나 혼자서의 노력은 아니고 주방장 채용 과정에서 얻게 된 노하우가 큰 역할을 했다. 설렁탕 맛에 대한 이해가 중간쯤 왔을 때, 우족 같은 경우는 문제점이 있다는 걸 발견했다. 소는 평생 진흙을 밟고 있어서 그 발냄새가 국물에 스며든다. 끓이다 보면 좋지 않은 흙냄새가 올라오는 것을 알게 된 것이다. 또는 화학적인 변화를 일으켜서 국물이 분해되는 희한한 일이 생기기도 했다. 끓이면 끓일수록 국물이 진해지는 것이 아니고 오히려 묽어지니 귀신이 곡할 노릇이었다. 물론 맛은 변화가 없는데 국물이 묽어지니 "진한 국물"을 기대하는 손님들이 상대적으로 실망하는 일이 생겼다.

이처럼 내가 가장 애썼던 부분은 두 가지였다. 특유의 좋지 않은 향과 국물의 농도, 이 두 가지 요소가 설렁탕 맛의 핵심이었다. 최고의 설렁탕을 만들기 위해 여러 뼈의 조합을 시도하면서 결국 소뼈 중에서도 특히 도가니가 다량으로 붙어 있는 쪽사골에 주목하게 됐다. 도가니가 많이 붙어 있는 부분을 커팅한 일명 '도가니 사골'이 소뼈 중에서 가장 중요한 비중을 차지하게 된 것이다.

이 도가니 사골은 특별하다. 일반 사골과 달리 연골조직이 풍부해 콜라겐 함량이 훨씬 높다. 이 부위를 적절히 활용하면 사골육수가 담백하면서도 입술이 달라붙을 정도로 진한 맛을 내는데, 바로 젤라틴이 대량으로 함유되어 있기 때문이다. 하지만 도가니 사골만 사용하면 너무 걸쭉해져서 식감이 불편해질 수 있어 다른 뼈와의 절묘한 조합이 필수적이다.

내가 이 비법을 완성하는 데는 직접적인 경험과 지식 수집이 큰 역할을 했다. 전수창업점 50군데에 오픈 실장을 뽑는 과정에서 400~500명을 직접 면접하면서 경쟁업체의 설렁탕 제조 기술과 영업 방법을 간접적으로 익힐 수 있었다. 그러나 진정한 전환점은 진정한 고수, 김향규 실장과의 만남이었다.

"향규 실장님, 어떤 설렁탕이 좋은 설렁탕이라고 생각하세요?"

"대표님, 좋은 설렁탕은 뼈의 선별부터 시작됩니다. 모든 뼈가 같은 역할을 하는 건 아니니까요."

"그래요?"

"네, 예를 들면, 도가니는 다른 뼈와 달리 연골조직이라 콜라겐이 풍부합니다. 국물에 깊이와 농도를 더해주죠. 하지만 균형이 중요합니다. 도가니만으로는 부족하고, 여러 뼈가 조화를 이루어야 합니다."

김 실장에게는 데이터가 있었다. 그에 따르면, 설렁탕은 같은 방법으로 끓여도 날씨, 뼈의 상태와 종류, 심지어 불의 세기에 따라서도 맛이 달라진다고 했다.

이 대화 이후로 나는 김 실장과 함께 '진정한 좋은 설렁탕'에 대해 많은 이야기를 나눴다. 그리고 수많은 시간이 흘러 하영호식 신촌설렁탕은 완벽히 자리를 잡아갔다. 방송 출연을 몇 차례 하고 전수창업을 시행하면서 깨달은 점은, 기존 설렁탕의 칼슘에 콜라겐이라는 아미노산이 첨가된 조합이 최상의 설렁탕이라는 사실이었다.

도가니와 사골의 조합은 단순한 맛의 문제를 넘어선다. 도가니는 연골조직으로 콜라겐이 풍부하고, 사골은 뼈조직으로 칼슘과 미네랄이 풍부하다. 이 두 가지가 적절한 비율로 만났을 때 비로소 영양과 맛 모두를 충족시키는 좋은 설렁탕이 만들어진다.

설렁탕을 끓이는 과정에서도 미묘한 차이가 큰 맛의 차이를 만든다. 뼈를 처음부터 센불에 끓이면 탁해지고 잡맛이 생기지만, 약한 불로 천천히 끓이면 맑고 깊은 맛이 우러난다. 또한 거품을 얼마나 자주, 깨끗하게 걷어내느냐도 중요한 요소다. 이런 작은 디테일들이 모여 결국 최고의 한 그릇을 만들어낸다.

김 실장과의 협업을 통해 나는 설렁탕의 핵심 가치를 깨달았다. 그것은 바로 '정성과 균형'이다. 아무리 좋은 재료를 써도 정성이 부족하면 맛이 없고, 아무리 정성을 들여도 재료의 균형이 맞지 않으면 완벽한 맛을 낼 수 없다.

"맛있는 설렁탕은 몸도 마음도 따뜻하게 해줍니다."

김 실장의 이 말이 가장 가슴에 와닿았다. 하영호 신촌설렁탕이 지금까지 많은 사람들에게 사랑받을 수 있었던 것은 단순히 맛있는 음식을 제공했기 때문이 아니다. **정성과 진심이 담긴 한 그릇으로 손님들의 몸과 마음을 모두 채워주려 했기 때문일 것이다.** 도가니와 사골로 시작한 우리의 여정은 아직도 진행 중이다. 가장 조화롭고 건강한 맛을 찾기 위한 노력은 절대 멈추지 않을 것이다.

하영호 신촌설렁탕의 비법 2 : NO-MSG 정책

　보통의 설렁탕 제조 방식은 화학조미료(MSG)를 추가해서 감칠맛을 더하는 게 일반적이다. 대부분의 설렁탕집은 사골육수 농도를 3브릭스(Brix, 액체에 녹아 있는 고형물의 농도) 정도로 맞추고 여기에 MSG를 혼합해 손님상에 제공한다. **하지만 우리 설렁탕은 사골육수 농도를 4브릭스로 더 진하게 끓인다. 이렇게 진한 국물에 MSG를 혼합하면 오히려 느끼해지기 쉽다.**

　첨가물을 쓰지 않는 것은 단순히 건강에 좋아서가 아니다. 설렁탕의 맛은 결국 뼈에서 우러나는 것인데, MSG를 넣으면 그 미묘한 맛의 차이가 가려지기 때문이다. 어떤 방식이 더 좋다, 나쁘다는 것을 이야기하고자 함은 아니다. 다만 우리는 국물 본연의 맛을 느낄 수 있도록 집중하고자 했고, 그 결과가 'No MSG 설렁탕'이다.

MSG 없이 감칠맛을 내는 건 쉬운 일이 아니었다. 수많은 시행착오를 겪었다. 국물 본연의 감칠맛을 끌어내려면 더 좋은 뼈를 써야 했고, 더 오래 끓여야 했다. 그리고 다양한 부위의 뼈가 각각 어떤 맛을 내는지 연구하는 시간이 필요했다. 그래서 어찌 보면 비효율적이라고 여겨질 수도 있는, 뼈를 일곱 종류나 쓰는 현재의 방식이 탄생한 것이다.

국물의 브릭스를 높이는 것, 경제적으로는 분명 손해다. 하지만 그 맛은 비교할 수 없이 깊고 풍부해진다. 이렇게 진하게 우려낸 국물에는 이미 천연의 감칠맛 성분인 글루탐산이 풍부하게 들어 있어 굳이 다른 무엇을 첨가할 필요가 없다.

우리의 이런 노력 덕분일까? 종편채널 '채널A'의 유명 프로그램인 〈먹거리 X파일〉에서 '착한 설렁탕'으로 언급된 적이 있다. 당대 최고의 음식 칼럼니스트이자 하영호 신촌설렁탕의 단골이던 고(故) 황광해 선생님의 추천으로 제작진이 우리 매장을 찾아왔다. 당시 PD는 프로그램 취지를 이렇게 설명했다.

"설렁탕에 MSG는 물론이고 사골 분말, 돼지 사골, 심지어 프림을 사용하는 업소가 부지기수더라고요."

정성과 맛이라면 자신 있었던 나는 당당히 촬영에 응했고, 설렁탕에 들어가는 모든 재료는 물론 제조 과정을 빠짐없이 찍어 갔다. 방영일 전날 예고편에 우리 매장이 메인으로 소개돼 잔뜩 기대했으나 결국 착한 설렁탕으로 선정된 곳은 용인에 있는 다른 업소였다.

발목을 잡은 것은 고명으로 올라가는 수입 양지였다. 솔직히 아쉬웠다. 고기마저 한우를 사용하면 가격이 너무 높아지니 대중성을 중요하게 생각하는 우리의 정책과 멀어지게 된다. 하지만 눈여겨봐야 하는 사실이 하나 있다. 방송 이후 용인의 착한 설렁탕집은 인산인해를 이루었지만 결국 영업손실액이 눈덩이처럼 불어나 폐업을 했다는 점이다. 한우를 고집하다 보니 원가율이 너무 높아져 오히려 매출을 감당하지 못하게 된 것이다.

아리랑 TV에서도 여타의 가게들과는 다르게 조미료를 전혀 사용하지 않는 우리의 조리 방식을 집중 조명한 적이 있다. 외국인들에게도 MSG를 넣지 않은 한국의 정통 설렁탕 맛을 알리겠다는 취지였다.

첨가물과 관련한 이런 경험을 통해 나는 값진 교훈을 얻었다. 언제나 좋은 재료를 쓰는 것은 중요하다. 하지만 그보다 더 중요한 것은 재료의 특성을 이해하고 그 맛을 최대한 끌어내는 기술이다. MSG 같은 화학조

뽀얀 국물이 우러나고 있는 가마솥의 모습.

미료에 의존하지 않고도 깊은 맛을 내는 것, 그리고 설렁탕처럼 다른 메뉴에서도 재료 본연의 맛을 이끌어낼 수 있도록 노력한다.

좋은 뼈를 쓰고 충분히 시간을 들여 끓인 뽀얀 국물 여기에 신선한 파, 천일염, 후추만 곁들이면 그것이 가장 정직하고 깊은 설렁탕의 맛이다. 몸에 좋은 것은 덤이다.

나는 음식의 본질을 찾는 사람이 되고 싶다. 가장 단순하지만 가장 정직하고, 가장 깊은 맛 이것이 내가 추구하는 설렁탕의 맛이다.

변주가 아닌 연주, 탕반 기반의 메뉴 포트폴리오

"이 골목에서 정말 장사가 되겠어요?"

처음 가게 문을 열었을 때, 주변 상인들이 의아한 표정으로 던진 말이었다. 아무런 경험도 없이 요식업에 뛰어든 내게 그 말은 불길한 예감처럼 다가왔다. 사실 걱정이 현실이 될 가능성이 컸다. 상권이 좋은 곳은 당연히 임대료가 천정부지였고 그럴 만한 자본금도 없었다. 결국 내가 모든 돈을 쏟아부어 간신히 마련한 곳은 겨우 작은 간판을 달 수 있을 정도의 좁고 조용한 이면도로 코너 매장이었다. 지나다니는 사람은 드물었고 주변에는 이미 소문난 음식점들이 자리를 지키고 있었다.

그 좁은 18평 공간에서 하루 종일 손님이 오기만을 기다리던 시절이 생각난다. 나는 늘 불안했고 끊임없이 자문했다.

"과연 이 한 가지 메뉴만으로 식당을 유지할 수 있을까?"

설렁탕은 겨울철에는 당연히 인기가 있었다. 추위에 몸이 떨릴 때면 자연스럽게 뜨끈한 국물이 생각나기 마련이니까. 그러나 봄바람이 불고 여름이 다가오면 상황이 완전히 달라졌다. 손님들의 발길이 눈에 띄게 줄었다. 매출이 계절에 따라 30%까지 하락하는 모습을 보며 매일 밤 불안에 시달렸다. 다른 설렁탕 전문점들도 비슷한 고민을 안고 있었지만 대부분은 도가니탕이나 꼬리곰탕 같은 몇 가지 유사 메뉴로 위기를 버티는 모양새였다. 하지만 나는 그런 방식으론 장기적 생존이 불가능하다고 판단했다. 협소한 매장, 제한된 인원, 저렴한 임대료를 택한 대신 경쟁력을 갖추려면 더욱 창의적인 접근이 필요했다.

그때부터 본격적으로 구상한 것이 체계적인 메뉴 포트폴리오였다. 어떻게 하면 설렁탕을 중심축으로 삼아 다양한 메뉴를 효율적으로 연결할 수 있을까? 무조건 많은 메뉴를 도입하는 것은 답이 아니었다. 가장 중요한 것은 재료의 유기적 연결, 효율적인 조리 과정이었다. 예를 들어, 설렁탕에 넣는 양지고기를 한번 삶으면 그 고기는 설렁탕뿐만 아니라 곰탕, 육개장, 수육, 심지어 냉면 고명으로까지 다양하게 활용할 수 있었다. 육수 역시 버릴 것 없이 곰탕, 냉면 국물, 육개장 베이스로 활용이 가능했다. 이런 방식으로 재료 간의 연결고리를 만들면 메뉴가 다양해져도 조리 과정은 복잡해지지 않고, 원가는 절감되며, 맛의 깊이는 오히려 증가했다. 손님들의 '골라 먹는 즐거움'이 증가하는 것은 덤이다. 이렇게 나는 '설렁탕 한 그릇'을 여러 형태로 확장해 보기로 결심했다.

첫 번째 확장 메뉴, 최고의 효자 메뉴가 된 함흥냉면

가장 처음 시도한 도전은 냉면이었다. 솔직히 말하자면, 처음에는 단순히 여름철 매출 감소를 막기 위한 '임시방편' 정도로 생각했다. 그러나 자세히 들여다보니 냉면의 고명으로 올라가는 고기, 국물의 기본이 되는 뼈나 육수 자체가 설렁탕 조리법과 상당히 맞닿아 있었다. 설렁탕의 자연스러운 확장으로 볼 수 있었다.

하영호 신촌설렁탕의 또 다른 시그니처 메뉴가 된 함흥냉면.

근처 유명 고깃집에서 이미 함흥냉면을 판매하고 있어 경쟁에서 우위를 점하기 쉽지 않을 것이란 우려도 있었다. 특히 냉면은 그 하나만으로도 전문성이 요구되는 분야다. **나는 제대로 하기 위해서는 전문가가 필요하다고 판단하여 과감히 냉면 제조만을 담당할 별도의 함흥냉면 전문점 주방장을 고용했다.**

면발부터 육수, 양념장에 이르기까지 모든 과정을 제대로 갖춘 결과는 어떻게 됐을까? 고객들의 반응은 놀라웠다. 냉면 한 그릇을 맛보기 위해 일부러 설렁탕집을 찾는 손님들이 늘어났고, 탕반 전문점 중에서는 최초로 자가제면 냉면을 선보인 집이라는 명성을 얻게 되었다. 이후 전국의 많은 설렁탕 전문점에서 냉면을 메뉴에 추가하기 시작했지만 우리는 이미 한 걸음 앞서 있었다.

두 번째 확장 메뉴, 저녁 영업의 구세주 갈비탕과 갈비찜

설렁탕 전문점의 가장 큰 고민거리는 언제나 저녁 영업이다. 점심시간에는 손님들로 북적이지만 해가 지면 손님의 발길도 뚝 끊기곤 한다. 이러한 패턴을 바꿔보고자 도입한 것이 갈비탕과 갈비찜이었다. 특히 갈비찜은 술 한잔하기에도 좋고 어린이가 있는 가족 단위 고객들에게도 인기 많은 메뉴였다. 이때는 대형 설렁탕 체인점들이 갈비찜이나 생불고기 등으로 저녁 매출을 강화하기 한참 전의 일이었다. 이런 선제적 움직임 덕분에 갈비탕은 우리 매장의 든든한 수익원으로 자리 잡을 수 있었다.

갈비탕과 갈비찜은 늘 호불호 없이 손님들의 취향을 저격한다.

세 번째 확장 메뉴, 사골육수의 깊은 맛을 살린 육개장

'육대장'이라는 육개장 전문 프랜차이즈가 전국적인 인기를 끈다는 소식을 듣고 나는 직접 삼청동 매장을 방문해 그들의 육개장을 맛보았다. 그 자리에서 즉시 확신이 들었다.

'우리도 충분히 해낼 수 있다.'

아니, 오히려 우리의 사골육수를 활용하면 더 깊고 풍부한 맛의 육개장을 만들 수 있겠다는 자신감이 생겼다. **설렁탕과 곰탕에 사용하는 깊은 사골육수를 기본으로 삼고 여기에 고춧가루의 매콤함과 표고버섯의 감칠맛, 대파의 향, 다양한 고명의 식감을 조화롭게 어우러지게 한다면 차별화된 육개장이 탄생하리라는 믿음이 있었다.**

사골육수 베이스의 진하고 감칠맛 나는 육개장.

예상은 적중했다. 이후 수많은 육개장 전문점이 생겨났지만 우리는 그들보다 앞서 독특한 육개장을 개발한 설렁탕집으로 이름이 알려질 수 있었다.

네 번째 확장 메뉴, 설렁탕 노하우로 완성한 진화된 곰탕

유명한 하동관의 곰탕을 처음 맛봤을 때 그 깔끔하고 담백한 맛에 감탄했던 기억이 있다. 하지만 나는 그 맛을 그대로 따라 하는 것이 아니라 한 단계 더 발전시킬 방법을 고민했다. 우리는 이미 설렁탕을 끓이는 과정에서 사골육수와 양지고기를 별도로 조리하고 있었다. 이 두 가지를 적절히 결합하면 기존의 곰탕보다 더욱 풍부하고 깊은 맛을 구현

하영호 신촌설렁탕의 깔끔하고 담백한 곰탕.

할 수 있겠다는 아이디어가 떠올랐다. **실제로 설렁탕의 뼈 육수와 곰탕의 고기 육수를 함께 어우러지게 하면 육수의 깊이가 한층 강화되고 자연스럽게 감칠맛을 내는 글루탐산 성분도 더 풍부해진다.**

여기에 감칠맛을 내는 구아닐산(Guanylic acid, GMP)을 다량 함유한 천연 식재료, 표고버섯까지 더하면 더없이 조화로운 맛의 균형을 이루고 증폭되는 시너지 효과가 나타난다. 현재는 많은 후발 설렁탕 업체들이 우리의 곰탕 스타일을 모방하고 있지만 탕반 전문점으로서 이 메뉴를 선구적으로 도입했다는 자부심을 갖고 있다.

다섯 번째 확장 메뉴, 고급스러움과 실용성을 겸비한 어복쟁반

동충하초가 올라가 특색 있고 건강함까지 넘치는 어복쟁반.

설렁탕집 운영자로서 가장 골치 아팠던 시간대는 단연 저녁 영업시간이었다. 우리 매장은 일반 고깃집처럼 활기차지 못했고 해가 지면 한산해지기 일쑤였다. 이런 상황을 타개하고자 도입한 것이 바로 어복쟁반이었다. 평양냉면 전문점과 어복쟁반으로 유명한 여러 식당을 방문하며 철저한 시장 조사를 진행했다. 그 과정에서 발견한 한 가지 공통점은, 이들은 한우 및 육우 소고기를 사용하지만 양이 제한적이고 가격은 높다는 것이었다. 말 그대로 '진입장벽'이 높았다. 나는 이런 '일품요리'의 약점을 우리만의 방식으로 재해석한 '신개념 일품요리'를 선보이기로 했다.

기존 어복쟁반의 틀을 깨고 수입 소고기를 사용해 양을 과감히 늘리면서도 합리적인 가격대를 책정했다(기존 어복쟁반이 10만 원 선이면 우리는 그 절반 격이다). 더 다양한 맛을 즐기고 건강까지 챙길 수 있도록 섬유질이 풍부한 흑목이버섯, 식물성 콜라겐이 함유된 백목이버섯, 스지, 소양 등을 추가했고, 우리만의 연출적 요소로 동충하초를 올려 마무리했다. 그러니 폭발적인 반응이었다. 저녁 시간을 노린 메뉴였는데 점심시간에도 어복쟁반 하나에 공깃밥만 추가해서 식사를 즐기는 고객들이 생겨나기 시작한 것이다. 4~5만 원짜리 메뉴가 점심에도 팔리기 시작하니 기대 없던 매출이 늘어난 것은 물론 저녁 시간도 든든히 받쳐주는 대표 메뉴가 되었다. 고객 만족과 시간대별 매출 균형을 동시에 달성하는 전략적 선택이었다.

여섯 번째 확장 메뉴, 소박하지만 만족도 높은 접시 수육

수육은 단독 메뉴로도, 다른 음식의 보조 메뉴로도 뛰어난 활용성을 자

냉면과 곁들이면 딱 좋은 양의 접시 수육.

랑한다. 특히 업진살은 부드러운 식감과 풍부한 육즙으로 남녀노소 누구에게나 거부감 없이 다가간다. 냉면의 완벽한 동반자가 되기도 하고 술자리의 안주로도 손색이 없다.

수육 메뉴를 개발할 때 가장 중점을 둔 것은 '적정량'이었다. 양이 너무 많으면 가격 부담으로 주문을 망설이게 되고, 너무 적으면 마음이 영 아쉽고 실망하게 된다. 우리는 가격 대비 최상의 만족감을 줄 수 있는 적정량을 찾아내어 '소 접시 수육(1만 5천 원)'이라는 단품 메뉴를 탄생시켰다. **단순해 보이는 고기 한 접시도 충분한 전략과 배려가 담기면 고객의 마음을 사로잡을 수 있다는 것을 증명한 메뉴였다.**

메뉴 포트폴리오 구성에도 '철학'이 있어야 한다

나는 단순히 메뉴의 가짓수를 늘려 매출을 올리고자 함이 아니었다. 기존의 정체성을 해치지 않으면서도 효율은 최대한 끌어올리고 창의성은 극대화한 포트폴리오를 구축하기 위해서는 다음의 몇 가지를 꼭 지켜야 한다.

1. 메뉴는 핵심 재료와 조리법의 '유기적 연결성'을 바탕으로 확장되어야 한다. 탕반 음식의 경우는 주재료 및 육수를 공유하고 자유롭게 응용할 수 있어야 한다.

2. 계절적 변동과 시간대별 고객 흐름에 따른 매출 변동성을 상쇄할 수 있는 메뉴를 전략적으로 배치해야 한다. 설렁탕이 점심, 겨울에 강한 메뉴였기 때문에 냉면으로 여름철에 대응하고 어복쟁반으로 저녁 시간을 활성화한 전략이 그랬다.

3. 재료의 낭비 요소를 철저히 제거하고, 주방 내 작업 동선을 최적화하여 효율성을 극대화하는 것은 기본이다. 어떤 메뉴가 좋아 보인다고 해서 현실에 맞지 않는데도 무리해서 도입하는 것은 최악의 수다.

4. 시장 트렌드를 예측하고 메뉴 개발을 선제적으로 진행해야 한다. 경쟁이 치열해지기 전에 고객 인식에서 우위를 선점하는 전략은 서브 메뉴에서도 중요하다.

5. 고객 관점에서 가격과 양의 균형을 세심하게 조율하는 것이 중요하다. 보조 메뉴일수록 단품은 부담 없이 즐기고, 본 메뉴와의 조합으로 다채로운 경험을 제공할 수 있어야 한다.

메뉴 구성에 있어 내 경영 철학의 핵심은 단 하나다. **보조 메뉴는 단순히 '선택지를 늘리는 수단'이 아니라 '브랜드의 철학과 가치를 다각도로 전달하는 통로'로 기능해야 한다.** 나는 설렁탕이라는 중심 악기를 기준으로 다양한 메뉴가 풍부한 하모니를 낼 수 있도록 집중했다.

설렁탕, 곰탕, 냉면, 육개장, 갈비탕, 수육, 어복쟁반. 이 모든 메뉴는 얼핏 보면 별개의 음식들처럼 보이지만 사실은 동일한 악보를 다양한 악기로 연주하는 하나의 오케스트라와 같다. 깊고 정성 어린 하나의 육수가 연결하는 맛의 하모니다.

갈비탕을 내놓아도 그 육수에는 설렁탕의 정신이 깃들어 있고, 냉면을 선보여도 그 고명과 육수 속에는 고기에 대한 정체성이 녹아 있다. **변하지 않는 정성과 일관된 맛 이것이 바로 내가 말하는 '단순한 변주가 아닌 연주'로서의 포트폴리오다.**

설렁탕, 아직도 창업해도 될까?

설렁탕 대박집으로 내 이름이 조금씩 알려지기 시작하면서 여기저기서 사람들이 찾아와 물었다.
"대표님, 어떻게 하면 식당 장사가 잘될까요?"
처음에는 그저 내가 쌓아온 노하우를 가볍게 공유하는 간단한 조언 정도로 답변했다. 그런데 전국 82개 매장으로 전수창업 경험이 쌓이다 보니 질문 내용도 달라졌다.

"하영호 대표님, 이 시대에 설렁탕집 창업해도 괜찮을까요?"
내 답변은 이렇다.
"가능합니다. 다만 철저한 준비가 선행되어야 합니다."

현시점에서 설렁탕이나 곰탕 등 탕반 전문점의 사업성은 절대 약하지 않다. 그 근거는 다음과 같다. 먼저, 건강식에 대한 관심은 여전히 뜨겁다. 설렁탕을 비롯한 탕반 음식은 양질의 단백질과 풍부한 콜라겐을 함유하고 면역력 향상에 도움이 되는 보양식으로 우리 머리에 이미 자리 잡고 있다.

또한 한식의 가치가 재조명되고 해외에서의 위상이 높아진 덕분에 우리 전통 음식의 시장성은 꾸준히 상승하는 추세다. 이 때문에 중장년층뿐 아니라 가족 단위 손님, 한국을 찾는 외국인 관광객, 바쁜 직장인에 이르기까지 폭넓은 소비층을 확보할 수 있다.

최근 외식 트렌드에서도 강점이 있다. 배달과 포장 위주로 재편되는 현대 소비문화에서도 설렁탕은 이동 중에 맛이 크게 변하지 않고 데워 먹기에 좋다는 특징이 있다. 언제 어디서 먹어도 변함없는 익숙한 맛이다.

하지만 성공 여부는 결국 어떻게 준비하느냐에 달려 있다. 설렁탕이나 곰탕이 아무리 뛰어난 사업 아이템이라 해도 그것을 '제대로' 준비하지 못한다면 당연히 실패할 수밖에 없다. 나는 항상 예비 창업자들에게 묻는다.

"설렁탕의 본질을 정확히 파악하고 있는가?"
"성공하기 위한 물리적 여건과 정신적 준비가 충분한가?"

따라서 설렁탕 창업을 진지하게 고민한다면 다음의 필수 항목들을 하나하나 꼼꼼히 검토해 봐야 한다. 뒤에서 부록으로 제공할 '외식 창업가를 위한 50가지 체크리스트'와는 별개로 이 내용은 탕반 음식 창업을 준비하는 사람이라면 반드시 점검해 보기를 바란다.

1. 목표 고객층에 대한 심층 분석은 마쳤는가?

설렁탕 및 곰탕집의 주요 고객의 특성은 다음과 같다.

중장년층 및 가족 고객 : 전통적인 한식 맛에 익숙하고 검증된 안정적인 식사를 선호하는 층이다. 외식 시장에서 이들의 수요는 꾸준히 유지된다.

직장인 및 비즈니스 고객 : 짧은 점심에 빠르고 든든하게 채울 수 있는 국물 위주 메뉴를 찾는다. 회사 밀집 지역은 분명 유리한 입지다.

관광객 및 외국인 방문객 : 우리 전통 음식에 관심이 많고 의외로 다양한 메뉴를 즐기기도 한다. 인사동, 북촌, 명동 같은 관광 명소 주변에서는 강력한 경쟁력을 발휘한다.

건강 지향적 소비자 : 영양가 높고 자극적이지 않은 음식을 찾는 이들에게 설렁탕은 최적의 선택지다. 특히 노년층과 건강에 민감한 소비자층의 충성도가 높다.

2. 입지 선정과 상권 분석은 철저히 이루어졌는가?

목 좋은 자리는 어느 식당에나 가장 큰 장점이겠지만 설렁탕집에 더 좋은 자리는 분명히 있다.

주거 밀집 구역 : 대형 아파트 단지 근처, 교회나 체육시설, 공원 산책로 인근은 가족 단위 고객 유입에 강점을 보인다.

상업 지구 및 오피스 집중 지역 : 강남역, 역삼역, 삼성역, 교대역, 종로, 광화문, 여의도 등을 포함한 오피스 지역은 점심 타임 매출은 물론 저녁 회식 수요까지 확보할 수 있는 이점이 있다.

주요 관광 명소 : 외국인 방문객이 많고 정통 한식을 찾는 수요가 집중되는 곳이다.

복합 쇼핑몰 인접 지역 : 코엑스, 타임스퀘어, 롯데월드몰 등 대형 멀티쇼핑몰이나 역세권 쇼핑몰 등은 안정적인 유동 인구가 보장돼 꾸준한 매출이 확보되는 지역이다.

교육시설 밀집 지역 : 설렁탕집에 교육시설 주변의 의미는 좀 다르다. 학생들은 물론이고 학부모, 교직원 등 핵심 타깃 연령층의 고객 확보가 가능하다. 특히 교육자들의 회식은 저녁 시간 매출에 도움이 된다.

3. 접근성과 가시성을 모두 고려했는가?

설렁탕집으로 성공하고자 하면 다양한 관점에서 공간의 이점을 체크해 봐야 한다.

교통 편의성 : 지하철역 출구, 주요 버스정류장 인접 지역은 재방문과

자연 유입 가능성이 높다.

눈에 띄는 위치 : 대로변, 쇼핑센터 입구, 광장 주변 등 쉽게 발견할 수 있는 위치는 별도의 광고비 절감 효과를 가져온다.

주차 공간 : 탕반 음식점은 무조건 가족 단위 고객이나 장거리 방문객을 위한 주차 시설이 갖춰진 곳이 유리하다. 특히 교외 지역에서는 필수 요소다.

보행 흐름 : 유동 인구의 자연스러운 동선상에 위치하는 것이 중요하다. 인적이 끊기는 골목 안쪽은 피하는 것이 좋다.

4. 경쟁 상황과 상권 활성화 정도를 파악했는가?

설렁탕집에게는 핫 플레이스에 위치하는 것만이 능사는 아니다. 최적의 장소를 찾는 것도 중요하지만 다음의 단계를 반드시 거쳐야 한다.

포화 지역은 우회하라 : 이미 여러 설렁탕 전문점이 자리 잡은 곳보다는 유사한 소비층이 존재하지만 탕반 전문점이 드문 지역이 성공 가능성이 높다.

상권 활성도 확인 : 주변에 다양한 음식점, 카페, 의료시설, 교육기관, 쇼핑 시설이 밀집한 곳은 언제나 안정적이다. 고객 회전율이 높고 식사 수요도 꾸준히 확보할 수 있다.

경쟁업체 분석 : 피치 못할 이유로 인근에 유사 계열의 식당이 있다면 강점과 약점을 철저히 분석하여 차별화 전략을 수립해야 한다. 단순히

피하는 것보다 나만의 경쟁력을 갖추는 것이 중요하다.

상권 변화 추이 : 하영호 신촌설렁탕 김천점의 사례를 기억하는가? 개발 예정 지역이거나 상권에 긍정적인 변화가 예상되는 지역은 미래 가치를 고려해야 한다. 빠르게 성장 중인 신흥 상권은 초기 정착 비용은 낮지만 잠재력이 크다.

5. 매장 규모는 사업 계획에 적합한가?

탕반 전문점들이 하도 대형 체인으로 성장한 경우가 많다 보니 초기 창업자들이 앞서 겁을 먹고는 한다. 물론 모든 것이 규모의 경제이기는 하지만 작은 매장이라고 해서 성공 가능성이 없는 것은 아니다. 그보다는 현실적으로 내가 운영할 수 있는 평수가 어느 곳에 적합한지 제대로 아는 것이 더 중요하다.

10~20평 소형 : 배달 또는 테이크아웃에 집중하거나 직장인 점심 고객을 타깃팅하는 것이 좋다. 회사 밀집 지역, 공원 입구 등 회전율이 높은 곳에 적합하다.

30~50평 중형 : 가족 손님과 직장인 모두를 수용할 수 있는 표준 규모다. 아파트 단지 근처나 오피스 지역, 복합 상권에 이상적이다.

60평 이상 대형 : 단체 예약, 회식, 개별 룸 구성이 가능하다. 대형 쇼핑몰 입점이 가능하고, 오피스 밀집 지역, 대규모 상권 중심지에서 경쟁력을 갖는다.

주방과 홀의 비율 : 설렁탕은 조리 과정이 복잡하므로 주방 공간을 충분히 확보해야 한다. 주방:홀 비율이 최소 3:7은 되어야 효율적인 운영이 가능하다.

6. 외식 트렌드 변화에 따른 준비 사항은?

이 외에도 달라진 외식 트렌드에 따라서 탕반 전문점이 갖춰야 할 역량이 있다. 바로 '전문성을 극대화한 차별화 전략'이다. 소비자가 오랜 시간과 정성이 들어간 음식이라고 인식하고 있는 만큼, 특별한 육수 제조법, 매력적인 브랜드 스토리, 당당하게 노출할 수 있는 조리 프로세스 등이 큰 자산이다.

또한 설렁탕과 곰탕은 입소문이 중요한 음식이라는 것도 잊지 말아야 한다. 디지털 시대의 입소문, 바로 다양한 채널을 통한 '리뷰'다. SNS, 블로그, 유튜브 등을 활용한 효과적인 마케팅 전략과 리뷰 관리가 필수다.

설렁탕은 여전히 매력적인 창업 아이템이다. 아니, 어쩌면 급변하는 외식 시장에서 더욱 안정적인 포지션을 차지하게 될 것이라고 생각한다. 그럼에도 실패가 적지 않은 까닭은 단 하나다. 철저한 사전 준비와 이해 없이 뛰어들기 때문이다.

요식업을 시작하기 전에는 반드시 업계에 대한 깊은 이해와 훈련이 선행되어야 한다. 특히 역사성이 강한 전통 음식일수록 왜 고객들이 이 음식을 찾는지, 무엇이 맛의 품질을 결정하는지, 재료의 수급과 가공은 어떻게 이루어져야 하는지, 매장 운영의 세세한 부분까지 완벽하게 파악해야 한다.

나는 전수창업을 통해 단순히 조리법만 알려주지 않는다. 한 그릇의 설렁탕이 완성되기까지 필요한 모든 과정, 고객 응대 방식, 매장 관리 시스템, 브랜드 아이덴티티 구축 방법까지 종합적인 노하우를 전수한다.

내가 설렁탕 창업을 지도하고 컨설팅하는 이유는 단순하다. 상업적인 성공과 더불어 우리 식문화의 정체성을 지키고 발전시키는 데 기여하고 싶기 때문이다. 설렁탕 창업을 꿈꾸는 이들이 철저한 준비와 올바른 이해를 바탕으로 사업에 임한다면 반드시 또 다른 설렁탕 마에스트로가 되리라 굳게 믿는다.

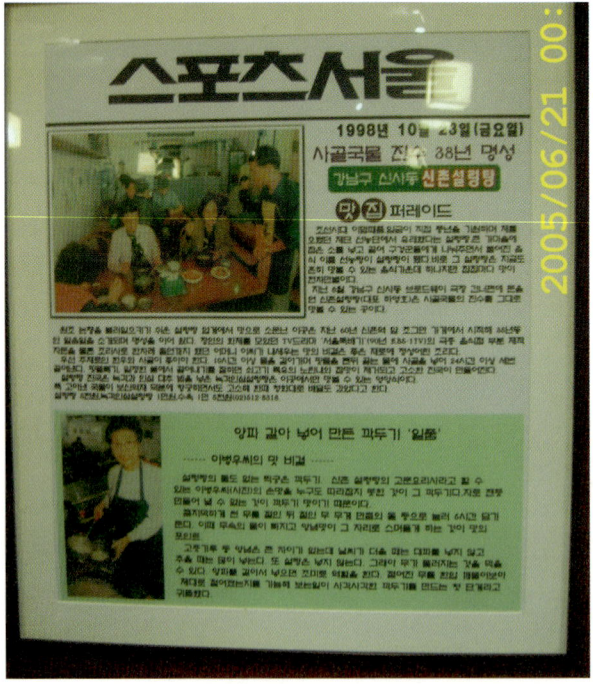

1998년, 처음 언론에 소개될 때는 맛집 사장으로 이름이 알려졌다. 이제는 창업 멘토로 역할을 다하고 싶다.

"새로운 여정에도 변하지 않는 것이 하나 있다.
설렁탕 한 그릇에 모든 진심을 다하겠다는 마음가짐이다.
한 그릇의 진심, 내가 지켜야 할 신념이자,
이 세상에 내놓는 작은 선물이다."

Part 5.
새롭게 끓이다 : 글로벌 진출과 비전

- 미국과 일본, 설렁탕으로 성공할 수 있을까?
- 뜻하지 않은 기회, 이커머스
- 작지만 큰 실험실, 설렁탕 연구소

미국과 일본, 설렁탕으로 성공할 수 있을까?

 명일점이 개점하고 매출이 가파르게 상승하던 무렵이었다. 매일 정신없이 바쁘면서도 활기가 가득했던 어느 날, 예상치 못한 한 통의 이메일이 도착했다. 보낸 사람은 워싱턴 한인회 회장인 Steve S. Lee였다. 그는 한국에 있는 다양한 설렁탕 전문점을 무려 1~2년에 걸쳐 비교 조사했는데 그중 우리 설렁탕의 맛과 품질이 가장 인상적이었다고 썼다. 워싱턴 D.C.에 가맹점을 개설하고 싶다는 정식 제안이었다.

 2019년 1월 30일, 반포의 우리 사무실에서 해외 첫 전수 계약을 체결했다. 늘 꿈을 품고 살던 나였지만 미국은 너무 큰 무대였다. 가슴이 사정없이 뛰었다. 계약 후 일주일 동안 우리는 함께 황학동 시장 곳곳을 누비며 매장 운영에 필요한 그릇, 의자, 주방 기구를 일일이 선별했다.

 "하영호 신촌설렁탕은 뚝배기가 아닌 방짜유기를 씁니다. 차별화와 고급화를 위해서죠. 이런 연출은 아마 미국 시장에서 더 필요할 겁니다."

나는 Steve에게 매장 운영뿐만 아니라 설렁탕 제조의 모든 노하우를 아낌없이 전수했다. 그런데 아뿔싸, 예상치 못한 변수가 있었다. 바로 UL 마크가 문제였다. 미국은 전기 안전 인증 기준이 매우 까다로운데 우리가 선별한 주방 장비 대부분이 UL 마크를 받지 못한 제품이었다. 해외 진출 경험이 없으니 당연히 불거진 결과였다. 결국 이 문제로 오픈이 무산되었고 미국 진출의 큰 꿈도 접을 수밖에 없었다.

그런데 3년이라는 긴 시간이 흐른 2022년 여름, Steve가 다시 한국 땅을 밟았다. 이번에는 더욱 치밀한 준비와 강한 의지를 가지고 온 것 같았다. 그 여름은 어느 때보다 뜨거웠다. Steve와 나는 그가 묵고 있는 삼성동 파르나스호텔과 인근의 코엑스 별마당 도서관에서 긴 시간을 보내며 사업계획을 논의하고 철저한 교육을 진행했다. 이번에는 정말로 실현 가능성이 높다고 느꼈다.

2023년 2월, 생애 처음으로 비즈니스 클래스를 이용해 미국행 항공기에 탑승했다. 목적지는 버지니아주 아난데일, 워싱턴 D.C.와 인접한 한인 타운이었다. 이곳에서 나는 2주간 머물며 현지 상황에 맞는 조리법과 기술을 전수했다. 드디어 대망의 3월, 우리의 76호점이자 미주 1호점이 문을 열게 된 것이다.

오픈을 준비 중에 기억에 남는 에피소드도 있었다. 3·1절 104주년 기념식에 초대받아 참석한 날이었다. 그 자리에서 워싱턴 총영사관이 대통령 축사를 대독하고 있는데 왠지 얼굴이 낯익다는 생각이 들었다. 용

세련된 인테리어로 현지 고객들을 맞이하고 있는 워싱턴 D.C.점의 모습이다.

기를 내어 "혹시 도곡동 하영호 신촌설렁탕 단골 아니신가요?"라고 물어보니 맞다는 대답이 돌아왔다. 외국 대사로 활발하게 활동하는 권세중 외교관으로, 한국을 방문할 때마다 우리 매장을 꼭 들른다고 했다. 이렇게 먼 타국에서도 고객을 만나다니, 새삼 뿌듯했다.

이후 현지에 머물면서 매장 운영 전반부터 시설 정비까지 모든 노하우를 세심하게 전한 결과, 워싱턴점은 개업 초기부터 현지 교민들과 미국인 고객들에게 큰 호응을 얻기 시작했다. 워싱턴점을 방문한 한 고객은 블로그에 이런 감동적인 후기를 남기기도 했다.

"이곳의 설렁탕은 맑으면서도 깊은 맛이 일품이다. 진한 국물에 밥을 말아 김치 한 조각과 함께 먹으니, 고향에서 맛보던 진짜 설렁탕 그 자체다. 타향살이 중인 우리에게 이런 음식점이 생긴 것은 정말 큰 축복이다."

일본 진출은 조금 다른 방식으로 시작되었다. 미국 출장의 열기가 채 가시기도 전에, 일본 도쿄 신주쿠에서 K-푸드 전문점을 십여 군데나 운영하고 있던 이충기 회장이 본점을 찾아왔다. 타고난 사업가인 그는 협상의 달인답게 신속하게 계약을 성사시켰다.

가까운 일본에 늘 관심이 있었던 나로서도 마다할 이유가 없었다. 아내와 함께 신주쿠로 날아가 기술 전수를 진행했고 간만의 휴식도 가졌다. 이렇게 일사천리로 오픈한 매장이 바로 우리의 77호점 일본 신주쿠점이다.

설렁탕이 일본인들의 입맛에도 맞을지 처음에는 걱정이 앞섰지만 현지 반응은 예상보다 훨씬 긍정적이었다. 개업 1년 후 개인 여행차 일본을 방문했다가 신주쿠점을 들리게 됐다. 그 사이 매장은 멋지게 리뉴얼을 마친 상태였고, 이충기 대표는 매출이 이전 대비 두 배 이상 증가했다며 자랑스러워했다. 나 역시 뿌듯함을 감출 수 없었다. **단순히 매출만 오**

른 게 아니라, 현지인들 사이에서도 '진짜 맛집'으로 인정받았다는 사실이 더욱 의미 있었다. 머지않아 일본 내 다른 도시로도 확장될 수 있을 것이라는 기대를 품게 되는 성공적인 결과였다.

현재도 현지 맛집으로 성업 중인 신주쿠점의 모습. 매장을 방문한 작은누이와 함께.

이 모든 일이 2023년 한 해에 일어났다. 일본 신주쿠점 개업을 계기로 필리핀과 베트남에서도 창업 제의가 들어오기 시작했고, 미국에서는 뉴욕, 시애틀, 조지아를 중심으로 추가 가맹 문의가 계속 이어지고 있다. 특히 뉴욕 퀸스 지역의 한인 타운과 맨해튼 중심가에서도 요청이 있어 향후 미국 내 확장 가능성이 더욱 밝아 보인다.

해외 진출은 나에게 단순한 사업 확장, 그 이상의 의미. 설렁탕이라는 우리 전통 음식의 우수성을 세계에 알리고 싶다는 사명감, 제대로 하고 싶다는 책임감 같은 것이다. 건강에 좋은 국물 요리, 정직한 탕반의 깊고 진한 맛은 어디서나 통할 것이라고 믿는다.

세계 어디에서든 '하영호 신촌설렁탕'의 간판을 만날 수 있고, 그곳에서 고향의 맛을 그리워하는 동포들과 우리 음식을 처음 접하는 외국인들 모두에게 진정한 감동을 선사할 수 있기를 바란다. 하영호 신촌설렁탕의 진가를 알아봐 준 스티브 리 회장과 이충기 회장 같은 파트너들과 함께 설렁탕을 통해 한국의 멋진 식문화를 전 세계에 전파하는 데 기여하고 싶다. 언젠가는 파리의 우아한 샹젤리제나 런던의 옥스퍼드 스트리트에서도 우리 설렁탕을 맛볼 수 있는 날이 오기를 진심으로 기대한다.

아리랑TV의 한국의 설렁탕을 소개하기 위해 출연했다.(자료 출처 : 아리랑TV)

뜻하지 않은 기회, 이커머스

최근 외식업계에서 이커머스를 무시하고선 살아남기 어렵다는 이야기를 자주 듣는다. 나도 잘 알고 있다. 하지만 알면서도 망설인 것이 사실이다. 정성스럽게 끓인 국물 한 그릇이 공장에서 대량 생산되는 순간, 그건 더 이상 '내 음식'이 아닐 수 있다는 두려움 때문이었다.

가벼운 레토르트로 보일까 걱정도 됐다. 국물 하나에 내가 들인 시간과 노력이 보이지 않게 될까 봐. 그리고 무엇보다 '설렁탕은 가마솥에서 오랜 시간 끓여내는 음식'이라는 고정관념이 내 머릿속에 단단히 박혀 있었다.

그런데 그 편견을 무너뜨린 건 정말 뜻하지 않은 일이었다. 오랜만에 본점에 나타난 익숙한 얼굴. 외식 커뮤니티 활동으로 잘 알고 있는 '쟈스마니', 1세대 파워 블로거였다. 그는 과거 본점에 종종 들러 우리 설렁탕 이야기를 블로그에 남기던 단골이었다. 이번에는 혼자가 아니라 미국의

K-푸드 이커머스 플랫폼 '울타리몰'의 본사 회장과 한국 지사장을 대동한 채였다.

"대표님, 지금 미국에서 제대로 된 탕 음식을 찾는 사람이 정말 많습니다. 진짜 맛을 현지에 전할 기회입니다."

그때까지만 해도 나는 울타리몰이 뭔지도 잘 몰랐다. 그런데 설명을 들으니 단순한 유통업체가 아니었다. 울타리몰은 미국 현지에서 한식을 소개하고 정직한 한국 식재료를 미국 전역에 배달하고 있는 대표적인 프리미엄 플랫폼이었다.

특히 '현지의 입맛에 맞추는 게 아니라 한국의 진짜 맛을 미국에 전한다'는 철학이 내 마음을 움직였다. 진짜 맛, 그건 나와도 통하는 신념이었다. 결국 우리는 본격적인 미국 수출 협약을 맺었다. 여러 우여곡절 끝에 2023년 12월, 울타리몰을 통해 하영호 신촌설렁탕이 미국 전역으로 배송되기 시작했다.

시행착오 끝에 개발한 진공포장 방식은 놀라울 정도로 탕의 본질을 잘 살려줬고 실제로 내가 먹어봐도 "이 정도면 인정이다." 싶은 맛이었다. 봉지째 끓는 물에 데우기만 하면 본점에서 먹던 깊은 국물 맛이 거의 그대로 살아났다. 미국 고객들의 반응은 더 뜨거웠다.

"기대 안 했는데 국물 진짜 깊고 맛있습니다. 양지도 큼직하고 고소하네요."

"배달해 먹는 설렁탕이 이렇게 담백하고 진할 수 있다니! 미국에서 이 정도 퀄리티는 감동이에요."

처음에는 믿기지 않았다. 그 먼 땅에 진심이 전해졌다는 것에 오히려 내가 감동했다. 지금도 울타리몰에서는 '하영호 신촌설렁탕'이 매일 미국 전역으로 나가고 있다. 이 설렁탕 국물이 떡국, 만둣국, 육개장 등의 훌륭한 베이스가 되기도 해 대량으로 주문하는 한식점들도 많다. 개인 소비자부터 대형 음식점까지 기대했던 판매 그 이상이었다.

온라인 진출은 미국만으로 끝나지 않았다. 국내에서는 쿠팡과 네이버 스마트스토어에 입점했다. 쿠팡은 특히 효율적인 배송 시스템이 장점이라 설렁탕처럼 무게도 나가고 부피도 큰 상품 판매에 적합했다.

"냉동 상태로 오는데도 이 정도 맛을 낼 수 있다니 놀랍다!"라는 리뷰도 있었고, "부모님께 효도하려고 구매했는데 너무 맛있다고 좋아하세요. 재주문하겠습니다." 같은 뿌듯한 후기도 자주 올라왔다.

기존에 매장을 방문했던 고객들이 "도곡동까지 갈 수 없으니 온라인으로라도 주문해 먹고 있다."는 후기를 볼 때면, 온라인으로 고객과의 새로운 연결고리를 발견한 것 같아 감동이 배가됐다. 초기에는 소중한 보물처럼 리뷰 하나하나를 모두 캡처해서 보관할 정

울타리몰에 고객들이 직접 남겨준 후기들. 언제 봐도 감동적이다.

도였다. 오프라인에만 몰두해 온 나로서는 이커머스라는 생소한 영역에서 경험하는 '시공간을 초월한 진심의 교류'가 무척 신선했다.

이커머스에 첫발을 내딛기 전까지 나는 온라인 시장을 차갑고 메마른 곳이

미국으로 첫 수출을 위해 포장한 설렁탕 제품을 옮기고 있는 모습. 가슴 뛰는 순간이었다.

라고 생각했다. 하지만 지금 생각은 완전히 달라졌다. 고객들은 매장의 인테리어나 직원의 친절함이 없어도 음식 자체에 깃든 진심을 읽고 있었다. **소비자는 정직한 음식의 가치를 분별하고 어떤 매체를 통해서든 그에 대한 반응을 보인다. 매장에서 직접 마주하지 않아도 뜨거운 마음은 배달되고 있었다.**

나는 오프라인 전문 창업 멘토이긴 하지만 온라인 시장에 집중하고 있는 사장님들을 진심으로 응원한다. 매장이든 온라인이든 설렁탕 한 그릇에 스며 있는 철학과 가치가 진정성 있다면 그 진심이 언젠가는 반드시 고객에게 닿으리라 믿는다. 그리고 그 가치를 알아봐 주는 사람들은 국경이나 플랫폼의 한계를 뛰어넘어 어디에나 존재한다는 것을 경험을 통해 알게 되었다. 나는 이제 설렁탕이라는 매개체를 통해 세상과 진심 어린 소통을 이어가고 있다.

작지만 큰 실험실, 설렁탕 연구소

사업이 확장될수록 설렁탕에 대해 더 깊이, 그리고 제대로 알고 싶다는 갈망이 커졌다. 이는 단순히 문헌을 뒤적이거나 영양학 이론을 공부해서 해결할 수 있는 것과는 차원이 다른 욕구였다. 나는 내 손으로 설렁탕을 직접 분석하고 실험하고 싶었다. 그저 배를 채우는 음식을 넘어서 손님들에게 진정으로 건강과 활력을 되찾아드릴 수 있는 음식을 만들고 싶었다. 오랜 세월 우리 곁을 지켜온 전통 음식에 대한 깊은 존경심을 바탕으로 그 속에 깃든 깊은 맛과 이야기를 계승하는 것은 기본이다. 한발 더 나아가 과학적인 연구와 끊임없는 혁신을 통해 미래 세대에도 사랑받는 문화유산으로 발전시키고자 했다.

언젠가 나만의 설렁탕을 만들고 싶다는 꿈 오랜 시간 가슴속에 품어온 꿈을 현실로 만들기 위해 내 모든 열정과 경험을 담아 시작한 것이 바로 '설렁탕 연구소'다. 단순한 연구 공간이 아닌, 30년간 쌓아온 나의 노하우를 재실험하고 새로운 지식을 빨아들이는 곳. 설렁탕 연구소를 완성하는 것이 내 새로운 도전 과제다.

설렁탕 연구소에서 할 첫 번째 과제는?

연구소가 완성되면 영양학적으로 더욱 세분화된 설렁탕을 만들어보고 싶다. 특히 당뇨병 환자들을 위한 설렁탕 개발이 첫 번째 과제다. 이 아이디어는 우연한 기회에 시작됐다. 매장에 오시는 의사 선생님들이 몇 분 있었는데 우리 설렁탕을 먹고는 당수치가 잘 오르지 않는다는 이야기를 들었다. 순간 어떤 생각이 번뜩 떠올랐다. 바로 '당뇨 설렁탕'이다.

설렁탕에 빠지면 서운한 것, 바로 국수 소면이다. 정성스러운 한 그릇을 완성하는 중요한 재료이긴 하지만 누군가에게는 꺼려지는 음식이기도 하다. 밀로 만든 국수 소면이 당수치를 올리는 주범이기 때문이다.

당뇨환자도 안심하고 먹을 수 있는 설렁탕! 그렇다면 밀가루 국수를 대체할 수 있는 다른 재료가 있어야 했다. 쌀국수, 현미발아국수 등을 채택했지만 번번이 큰 호응을 얻지 못했다. 기존의 설렁탕과 잘 어울리면서도 영양학적으로 우수한 것. 그렇게 찾아낸 재료가 바로 보리국수다.

[참고 자료] 보리국수의 효능

1. 풍부한 식이섬유 : 장 건강에 필수
- **변비 예방** : 보리에는 쌀보다 5배나 많은 식이섬유가 함유되어 있어 장운동을 활발하게 하고 변비를 예방하는 데 효과적이다.
- **장내 유익균 증식** : 식이섬유는 장내 유익균의 먹이가 되어 장 건강을 증진하고 유해균 증식을 억제한다.
- **포만감 증가** : 식이섬유는 물을 흡수하여 위 내용물의 부피를 늘려 포만감을 높여준다. 다이어트에도 도움이 될 수 있다.

2. 혈당 조절 : 당뇨병 예방에 도움
- **낮은 GI 지수** : 보리국수는 혈당 지수가 낮아 식후 혈당 상승을 완만하게 해준다.
- **인슐린 저항성 개선** : 보리에 함유된 베타글루칸은 인슐린 저항성을 개선하는 데 도움을 주어 당뇨병 예방에 효과적이다.

3. 콜레스테롤 감소 : 동맥경화 및 심혈관 질환 예방
- **혈중 콜레스테롤 감소** : 보리에 함유된 베타글루칸은 혈중 콜레스테롤 수치를 낮추는 데 도움을 주어 동맥경화 및 심혈관 질환 예방에 효과적이다.

4. 항산화 작용 : 노화 방지
- **활성산소 제거** : 보리에 함유된 항산화 물질은 활성산소를 제거하여 세포 손상을 막고 노화를 방지하는 데 도움을 준다.

5. 체중 관리
- 보리국수는 포만감을 오래 유지해 과식을 방지하는 데 효과적이다. 다이어트 중에도 적합한 음식으로 꼽힌다.

6. 면역력 강화
- 보리에는 다양한 비타민(B군, E)과 미네랄(철, 마그네슘, 셀레늄 등)이 포함되어 있어 면역 체계를 강화하는 데 도움을 준다.

7. 항산화 작용
- 보리에 포함된 폴리페놀과 비타민 E는 항산화 작용을 통해 세포 손상을 방지하고 노화를 늦추는 효과가 있다.

8. 뼈 건강
- 보리에 포함된 마그네슘과 인은 뼈를 튼튼하게 유지하는 데 도움을 준다.

9. 위 건강
- 보리는 위산을 흡수하고 점막을 보호하는 데 도움을 줄 수 있어 위염이나 소화불량 증상 완화에 유익하다.

자료 출처 1. 대한당뇨병학회
자료 출처 2. Continuous Glucose Profiles in Healthy Subjects under Everyday Life Conditions and after Different Meals, J Diabetes Sci Technol. 2007 Sep

뭐 하나 쉬운 게 없다, 그래도 꿈꾼다

나이가 60대 중반에 접어들면서 인생의 전환점이 되리라 기대했던 설렁탕 연구소 건축. 하지만 그 과정은 녹록지 않았다. 시행사와의 갈등으로 수년간 준비해 온 건축 프로젝트가 무산된 것이다. 내가 꿈꾸던 그림을 목전에 두고 흥이 다 깨져버렸다.

'내가 설렁탕 연구소를 얼마나 오래 바라왔는데…'

갑작스러운 인생 노선의 변경은 나를 아노미 상태로 빠뜨렸다. 삶의 의욕을 잃고 우울한 시간을 보내던 중, 평소 존경하던 인물이자 나의 동반자가 되어준 고(故) 황광해 칼럼니스트가 떠올랐다. 그분이라면 지금 상황을 보고 뭐라고 할까? "하 대표, 겨우 이런 일 갖고 그래? 최고의 설렁탕 전문가가 되겠다면서 뭐가 이렇게 싱거워?"라고 애정 어린 독설을 날리지 않을까?

'그래, 건물 형태가 뭐가 중요하겠어. 설렁탕과 전통음식 분야에서 한국 최고의 전문가로 남은 인생을 살아가자.'

오랜 시간 매장을 찾아준 단골손님들과 나를 이끌어준 모든 분, 하영

조만간 완성될 설렁탕 연구소의 모습. 실제 모습도 공개할 날이 오길 바란다.

호 신촌설렁탕의 이름값을 믿고 요식업에 뛰어든 사람들에게 보답하는 길은 가장 나다운 선택을 하는 것이었다. 사방팔방 신축 소문을 낸 후 방향을 틀게 돼 조금 민망했지만 차선책으로 현재 건물을 증축하기로 결정했다. 마음도 한결 가벼워졌다.

  이 책이 발간되는 시점에는 설렁탕 연구소가 그 위용을 드러낼 수 있을 것이다. 6월 중순에는 공사가 완공되어 '하영호 설렁탕 연구소'라는 이름으로 반포동 사옥 최상층에서 개소식이 열릴 예정이다.

연구소에서는 설렁탕을 기본으로 곰탕, 육개장, 어복쟁반, 함흥냉면, 평양냉면 등에 대한 심도 있는 이론적, 영양학적 연구를 진행하고 시대에 맞춰 전통음식의 새로운 패러다임을 제시할 예정이다. 한국 고유 전통음식의 우수성을 세계 방방곡곡에 알리는 것도 목표로 하고 있다.

이런 연구 결과를 바탕으로 향후에는 전통음식에 대한 저서를 발간하고 탕반 전문점 창업 관련 세미나 또는 무료 창업 상담 등을 진행할 계획이다. 또한 연구소 내에 스튜디오도 개설해 유튜브 방송을 통해 건강하고 몸에 좋은 전통음식은 물론 요식업 전반의 정보를 쉽고 재미있게 소개할 계획이다. 연구소를 찾아오는 지인들을 유튜브의 손님으로 모셔 음식이나 맛집에 대한 이야기를 나누며 즐겁게 웃고 떠드는 모습을 상상하니 벌써 행복하다.

설렁탕 마에스트로, 한 그릇에 담아온 인생

이 책을 쓰면서 나는 내 인생이 바로 설렁탕 한 그릇과 닮아 있음을 깨달았다. 처음 설렁탕을 만들기 시작했을 때는 나는 그저 먹고살려는 마음뿐이었다. 하지만 시간이 흐르면서 설렁탕은 내게 삶의 지침이 되어버렸다. 좋은 재료를 선별하는 일부터 마지막 한 그릇을 서빙하는 순간까지, 그 어느 것 하나도 대충 할 수 없다. 인생도 마찬가지다. 어느 하나만

고집할 것이 아니고 주변을 아우르면서도 자기 색깔을 낼 줄 알아야 한다. 그리고 그 과정은 반드시 정성스러워야 한다.

나는 설렁탕이라는 평생의 자산을 바탕으로 과거와 현재, 미래를 잇는 사람이 되고 싶다. 우리 조상들이 남겨준 소중한 유산을 지키면서도 현대인의 삶과 식습관에 맞는 새로운 가치를 창조하는 것이다.

뜨거운 솥에서 오랜 시간 우러나는 깊은 맛, 정성스럽게 다듬어지는 고명, 그리고 그 모든 과정에 스며드는 정성과 사랑. 이 모든 것들이 조화롭게 어우러져야 한 그릇의 음식이 완성되는 것처럼, 나 또한 내 인생의 모든 경험과 지식, 열정을 조화롭게 연주하는 진정한 설렁탕 마에스트로로 거듭나고 싶다.

연구소가 완성되면 건강에 좋고 맛있는 설렁탕을 개발하는 것은 물론 다양한 문화 행사를 통해 사람들을 연결하고 따뜻한 이야기를 남기는 공간으로 만들고 싶다. 이곳은 맛과 정, 그리고 문화가 어우러지는 특별한 장소가 될 것이다.

단순히 상업적인 성공을 말하는 것이 아니다. 나는 사람들에게 건강과 행복을 전하고 싶다. 그리고 우리 전통음식의 가치를 제대로 알리고 다음 세대에게 온전히 물려주고 싶다. 연구소가 그런 꿈을 실현하는 공간이 되기를 간절히 바란다.

하영호다운 설렁탕 연구소. 기대해 보라. 이곳에서 진행하는 일들이 어떤 놀라운 변화를 불러올지, 우리 전통 탕반 음식이 어떻게 더 큰 사랑을 받게 될지.

모든 것은 이제 시작이다. 그리고 그 시작점에서 나는 감사한 마음으로, 겸손한 마음으로, 그러나 확고한 의지로 가득하다.

새로운 여정에도 변하지 않는 것이 하나 있다. 설렁탕 한 그릇에 모든 진심을 다하겠다는 마음가짐이다.

'한 그릇의 진심!'

내가 설렁탕 마에스트로가 되기 위해 지켜야 할 신념이자 이 세상에 내놓는 작은 선물이다.

Part 6.
부록

- 외식 창업가를 위한 50가지 체크리스트
- 외식업 초보도 프로가 될 수 있는 4가지 전략
- 멘토를 만날 수 있는 교육 과정 소개
- 식당 사장이 꼭 가봐야 할 맛집들

외식 창업가를 위한 50가지 체크리스트

 외식산업을 하겠다는 사람들을 위한 행동강령이나 잘 알려진 체크리스트들은 많다. 그런 기준에 따라 입지 조건, 월세, 재료 수급, 메뉴 구성 등 굵직굵직한 부분들을 잘 점검해 보는 것도 중요하다. 하지만 오래가는 식당이 되기 위해서는 '디테일'이 강해야 한다. 30년간 식당과 브랜드를 운영하며 쌓아온 나만의 '디테일 체크리스트'를 공유한다. 이 체크리스트를 따르다 보면 '아는 만큼 보인다'는 말이 무슨 뜻인지 깨닫게 될 것이다.

[메뉴 & 음식]

☐ **가성비 있는 메뉴를 만들라**
제철 재료, 지역 생산 재료, 대량 구입으로 원가를 절감할 수 있는 재료를 사용하여 맛과 가성비를 모두 높여라. 그리고 경쟁점보다 10% 정도 낮게 가격을 책정하라. 경쟁력 있는 가격과 품질로 고객에게 높은 만족도를 주고 재방문율을 높일 수 있다.

☐ **매력적인 메뉴명을 만들라**
"아미노산 곰탕", "비타민 듬뿍 접시 수육", "당뇨에 좋은 설렁탕" 등 건강함과 특별함을 강조한 메뉴명을 사용하라. 특색 있는 메뉴명은 고객의 기억에 남고 소셜미디어에 공유될 때 화제성을 만들어낸다.

☐ **메뉴판은 반드시 디자인 업체에 의뢰하라**
메뉴판은 가게의 얼굴이다. 비용이 들더라도 깔끔하고 완성도 높은 메뉴판을 준비하라. 첫인상에서 매장의 수준을 가늠하는 중요한 요소로 고객의 신뢰도에 직접 영향을 미친다.

☐ **메뉴판은 가치에 따라 글자 크기를 다르게 하라**
많이 팔고 싶은 메뉴는 더 크게 쓰고 반드시 '베스트셀링', '별표' 등을 표시해야 한다. 특히 고화질 사진을 크게 넣어라. 시각적 우선순위를 조절하여 고객의 시선을 유도하고 매출 증대를 도모할 수 있다.

☐ **밥을 맛있게 하라**
즉석에서 퍼주는 윤기 나는 밥을 제공하고 잡곡밥, 강황밥 등 차별화된 밥을 추가 제공하라. 밥은 당연한 것이 아니라 고객이 가장 먼저 판단하는 음식이며 전체적인 식사 평가의 기준이 된다.

☐ **셀프바를 설치하라**
반찬 등의 셀프바를 알차게 구성하여 고객 만족도를 높여라. 제한 없는 반찬 제공으로 고객은 높은 가치를 느끼고 매장의 넉넉함을 경험할 수 있다.

[서비스 & 고객관리]

☐ **스토리를 만들라**
왜 이 음식점을 시작했는지, 어떤 특별한 가치를 제공하는지, 명확하고 감동적인 스토리를 만들어라. 고객은 단순한 음식이 아닌 의미와 철학이 담긴 브랜드와 정서적 연결을 원한다.

☐ **웃는 얼굴로 인사하라**
당연한 일이지만 쉽지 않다. 그래도 해야 한다. 모든 직원은 손님이 가게에 들어온 순간 무조건 웃는 얼굴이어야 하고, 전 직원이 함께 "안녕하세요!"라고 인사할 수 있어야 한다. 매장을 운영하는 사람들에게 인사란, 예의가 아니라 고객에게 하는 첫 번째 서비스다.

☐ **주문을 받으면 반드시 그 자리에서 확인하라**
복명복창으로 주문 오류를 사전에 방지하라. 주문 실수는 고객의 시간 손해와 매장의 비용 손해로 이어져 서비스 품질에 치명적인 영향을 준다.

☐ **서비스도 높은 수준으로, 창업 전에 미리 완성하라**
유형의 서비스(디저트, 반찬 리필)와 무형의 서비스(친절한 인사, 신속한 반응)를 모두 준비하라. 서서히 완성해 간다는 생각보다 최대한 개업과 동시에 일정한 서비스 수준을 유지해야 초기 고객들의 좋은 평가를 받을 수 있다.

☐ **개인화된 서비스를 제공하라**
단골 고객의 이름과 선호 사항을 기억하고 자주 오는 손님의 취향을 반영하라. 고객은 자신을 기억하고 특별하게 대우해 준다고 느낄 때 더 크게 만족하고 강한 충성도를 갖게 된다.

☐ **칭찬 릴레이를 실시하라**
직원들을 자주 칭찬하여 동기를 부여하라. 칭찬은 사람을 바꾼다. 내부 직원의 사기가 높아야 고객에게 진정성 있는 서비스를 제공할 수 있다.

[분위기 & 인테리어]

☐ 음악방송처럼 선곡 리스트를 확보하라

사계절, 아침, 점심, 저녁, 날씨별로 매장 분위기에 맞는 음악을 준비하라. 적절한 배경음악은 고객의 기분과 체류시간에 영향을 주어 전체적인 식사 경험의 질을 높인다.

☐ 매장 밖에 스피커를 설치하라

식당 앞에 매력적인 음악이 흘러나오면 사람의 관심과 식욕을 불러일으킨다. 외부 음악은 지나가는 행인의 매장 접근을 유도하는 효과적인 마케팅 도구다.

☐ 간판은 무조건 가시성이 좋아야 한다

멀리서도 잘 보이도록 간판을 환하게 유지하고 형광등을 추가로 설치하라. 시각적 인지도가 높을수록 고객의 발견 가능성이 높아지고 자연스러운 홍보 효과를 얻을 수 있다.

☐ 매장 간판, 유리창에 맛있어 보이는 음식 사진을 크게 붙이라

해상도 높은 음식 사진을 크게 출력해 지나가는 예비 고객을 유인하라. 한 그릇 음식일수록 효과가 좋다. 시각적 자극은 식욕을 자극하여 즉석에서 매장 입장을 결정하게 만드는 강력한 도구다.

☐ 화분을 놓고 잘 가꾸라

푸른 식물은 심리적 안정감을 주고 고급스러운 분위기를 조성하는 인테리어 요소다. 공기 정화 효과는 덤. 이 같은 자연친화적 요소는 고객의 스트레스를 감소시키고 매장의 품격을 높인다.

☐ 장사에 도움이 되지 않는 모든 방해물을 치우라

정말 많은 사장이 간과하는 것 중 하나다. 홀에 잡동사니를 쌓아두지 말고 깔끔하게 정리하라. 정리가 잘된 공간은 위생적이고 전문적인 이미지를 주며 고객의 신뢰도를 높인다.

[편의시설 & 서비스]

☐ **후식코너를 마련하라**
어르신용 믹스커피, 젊은 층용 아메리카노, 아이들용 아이스크림, 뻥튀기 등을 제공하라. 세대별 기호를 고려한 다양한 후식은 전 연령층의 만족도를 높이고 가족이 함께 오기를 잘했다는 기억을 남긴다.

☐ **생수가 아닌 직접 끓인 차를 서빙하라**
보리차, 옥수수차, 둥굴레차를 제공하고, 겨울엔 따뜻하게, 여름엔 얼음과 함께 제공하라. 정성스럽게 끓인 차는 무료 생수보다 특별하게 느껴지고 매장의 정성을 보여준다.

☐ **스테인리스 물통을 비치하라**
눈에 보이는 것에서는 가성비를 따지지 않기를 바란다 소주회사 플라스틱 물병 대신 스테인리스 물통을 사용하여 시원하고 깔끔한 느낌을 주는 것이 좋다. 시각적으로 고급스럽고 시원한 느낌을 주며 브랜드 이미지 향상에 도움이 된다.

☐ **무료 Wi-Fi를 제공하라**
눈에 띄는 곳에 와이파이 비밀번호를 명시하라. 인터넷은 현대 고객들이 기본적으로 기대하는 서비스로 고객 편의성과 체류시간 연장에 효과가 있다.

☐ **휴대전화 충전기 및 충전 스테이션을 마련하라**
고객이 편리하게 스마트폰을 충전할 수 있도록 하라. 요즘 손님들은 배터리가 부족하면 편하게 식사를 하지 못한다. 고객의 불안감을 줄이고 편의를 높이는 가성비 좋은 방법이다.

☐ **스탠드 옷걸이에 개별 옷걸이를 준비하라**
특히 겨울에는 코트를 위한 개별 옷걸이가 필수다. 고객의 소중한 의류를 깔끔하게 보관해 주는 세심한 배려는 고객 만족도를 크게 높이고 고급스러운 이미지를 주는 좋은 방법이다.

[위생 & 청결]

☐ 청결과 위생 관리를 철저히 하라

테이블, 의자, 바닥, 화장실은 물론, 특히 식기의 청결 상태를 완벽하게 관리하라. 위생과 청결은 기본 중의 기본으로 고객 신뢰와 재방문을 위한 절대적 조건이다.

☐ 물잔과 앞접시의 물기를 없애라

설거지 후 마른 수건으로 한 번씩 닦아주어 깔끔함을 유지하라. 물기가 남은 그릇은 누구라도 찝찝하게 느낀다. 별것 아닌 것이 음식 맛에 대한 선입견을 만들고 청결도에 의문을 품게 한다.

☐ 이쑤시개와 치실을 함께 준비하라

이쑤시개와 함께 치실이나 구강 청결용 미니 키트를 제공하라. 고급스러운 구강 관리 도구는 매장의 세심함과 고급화를 보여주는 차별화 요소다.

☐ 입가심용 민트나 박하사탕을 제공하라

식사 후 입안을 상쾌하게 해줄 수 있는 작은 배려가 필요하다. 마지막 인상인 입가심 서비스는 고객이 매장을 떠난 이후로도 긍정적인 기억을 남게 한다.

[고객 유인 & 프로모션]

☐ SNS 업로드 시, 혜택을 제공하라
인스타그램이나 페이스북에 사진과 후기를 올려주면 상품권이나 음료수를 제공하라. 고객이 직접 홍보하는 입소문 마케팅은 광고비용 없이 높은 신뢰도의 홍보 효과를 얻을 수 있는 좋은 무기다.

☐ 오픈, 개업 O주년 이벤트를 시행하라
이벤트는 명분이다. 상시적으로는 스탬프 적립 이벤트 등으로 고객 재방문을 유도하라. 재미있는 이벤트는 고객의 기억에 남고, 재방문 동기를 부여하며, 브랜드 인지도를 높인다.

☐ 우산을 빌려줘라
갑작스럽게 비가 올 때, 우산을 대여해주는 서비스로 고객 감동을 만들어라. 예상치 못한 배려와 서비스는 강한 인상을 남기고 고객의 감동과 충성도를 이끌어낸다.

☐ 종이가방 및 테이크아웃 용기를 준비하라
가게 로고가 새겨진 종이가방으로 자연스러운 홍보 효과를 누려라. 가게 이름이 새겨진 포장 용기는 이동 중 자연스러운 광고판 역할을 하며 브랜드 노출 기회를 키운다.

☐ 70세 이상 단체 손님에게는 현금할인 이벤트를 하라
고령화 사회에 맞춰 5인 이상 장년층 고객에게는 현금 10% 할인을 제공하라. 지인 간 바이럴 효과가 가장 큰 연령대는 고령층이다. 또 단체 재방문율이 높아 지속적인 고객 확보에 도움이 된다.

☐ 인근 경비, 택시 기사, 경찰 등에게는 1,000원 할인 이벤트를 하라
지역사회와 함께하는 이미지를 구축하고 홍보 효과도 노릴 수 있는 방법이다. 같은 직업을 가진 이들 사이에 입소문이 나 자연스러운 홍보가 가능하다.

[직원 관리]

☐ **직원들이 유니폼을 착용하도록 하라**

유니폼은 브랜드 이미지 강화와 전문성 증대를 위한 좋은 방법이다. 시각적인 통일성으로 전문성을 부각하고, 직원 역시 더 갖춰진 태도로 일을 하게 된다. 고객이 직원을 쉽게 구분할 수 있는 것도 장점이다.

☐ **직원 급여를 시간당 1,000원 더 주라**

높은 급여를 주는 곳으로 이직하고 싶은 것은 인간의 당연한 마음이다. 시간당 1,000원이 당장은 크게 느껴질지 몰라도 식당에서는 이직률을 줄이고 인재를 확보할 수 있는 경쟁력이다. 내 직장이 직원에게 공을 들인다는 인식은 서비스 품질 향상으로 이어져 매출에도 긍정적인 영향을 준다.

☐ **수익의 일부를 직원과 고객에게 베풀라**

수익의 일정 비율을 반드시 베푸는 것으로 정하고 실천하라. 노력과 소비가 보상으로 돌아오는 선순환 구조는 직원의 근무 의욕과 고객의 만족도를 높여 장기적으로 더 큰 수익을 가져온다.

☐ **서비스 매뉴얼을 만들라**

일관된 서비스 제공과 체계적인 직원 교육을 위해 상세한 매뉴얼을 작성하라. 표준화된 매뉴얼은 직원 교육 시간을 단축하고 일정한 품질의 서비스를 보장한다.

☐ **1달에 1~2회, 반드시 벤치마킹의 시간을 가지라**

잘 나가는 집의 핵심 메뉴, 서비스, 분위기, 가격 전략 등을 분석하여 내 매장에 적용하라. 지속적인 벤치마킹으로 경쟁 우위를 유지하고 고객의 변화하는 니즈에 발 빠르게 대응할 수 있다.

☐ **전문 지식을 끊임없이 학습하라**

최소 2~3개 이상의 외식업 CEO 과정을 수강하여 지속적으로 공부하라. 외식업계의 트렌드와 노하우를 습득하여 매장 운영의 전문성을 높이고 혁신을 지속할 수 있다. 그 과정에서 얻는 네트워킹은 강력한 덤이다.

[특별한 배려]

□ 어린이 메뉴 및 식기, 의자를 준비하라

어린이 전용 메뉴와 깨지는 않는 플라스틱 식기, 색칠 도구를 제공하라. 가족 단위 고객의 편의를 도모하여 재방문을 유도하고 어린이의 안전과 즐거움을 보장하는 좋은 방법이다.

□ 매장을 소모품이라고 생각하라

5년 단위로 리모델링할 수 있도록 별도의 자금을 모아두라. 정기적인 리뉴얼로 매장의 신선함을 유지하고 고객의 지속적인 관심을 끌어야 지속 가능한 경쟁력을 확보한다.

□ 칼, 가위는 최상품을 사용하라

작업 능률과 안전을 위해 두 가지 도구는 항상 날을 세워두고 품질이 최고로 좋은 것을 사용하라. 비싼 식가위와 식칼에는 그만한 이유가 있다. 결과적으로 음식 품질과 서비스 속도 향상에 기여할 것이다.

□ 노 브레이크타임을 실시하라

가능하면 브레이크타임 없이 운영하여 매출 기회를 놓치지 마라. 고객이 뜸해지는 시간에는 직원이 교대로 휴식을 취하면 된다. 손님이 언제 방문하더라도 서비스받을 수 있다는 신뢰감을 주고 매출 기회를 최대화하는 방법이다.

□ 일회용 종이 앞치마를 제공하라

가게 로고가 들어간 종이 앞치마로 ESG 경영을 실천하라. 브랜드 노출과 더불어 친환경 이미지를 동시에 구축할 수 있는 방법으로 고객에게 긍정적 인상을 남기고 사회적 책임까지 수행할 수 있다.

□ 대기 시간을 즐겁게 하라

웰컴드링크 제공, 할인쿠폰 지급, 메뉴 미리 확인 등으로 대기 시간을 알뜰하게 활용하라. 대기 시간을 가치 있는 경험으로 전환하여 고객의 불만을 예방하고 만족도를 높일 수 있다.

☐ 포장 판매를 활성화하라

선물용으로도 손색없도록 포장에 신경을 쓰고 매출 확대를 도모하라. 포장 매출은 매장 확장 없이도 수익을 증대시킬 수 있는 효과적인 방법이며 브랜드 홍보 효과도 있다.

[그 밖의 특별 팁]

☐ **손님들이 스마트폰을 들게 만들라**

예쁜 음식, 멋진 인테리어로 SNS 업로드를 유도하여 자연스러운 홍보를 도모하라. 고객의 자발적 SNS 공유는 신뢰도 높은 마케팅 수단으로 광고비용 없이 홍보 효과를 극대화한다.

☐ **개업 1주일 동안 입소문에 특별히 신경 쓰라**

첫 방문 손님이 식당이 그저 그런데 두 번 세 번 방문하는 일은 없다. 완벽한 준비가 안 되면 오픈을 연기하고 초기 고객 한 분 한 분을 홍보대사라고 여겨라. 초기 경험이 매장의 평판을 좌우하므로 첫 고객들의 만족도가 장기적 성공을 결정한다.

☐ **오피니언 리더, 유명인은 더 은밀히 대하라**

각 분야 유력 인사가 오면 식당 주인은 당연히 들뜨기 마련이다. 문제는 내 반가움과 기대감 때문에 이들의 식사 경험을 망쳐서는 안 된다는 것이다. 특히 서비스 등은 제공하되 그 대우는 공개적으로 하지 않아야 한다. 우리 매장에서는 왕만두를 서비스하거나 설렁탕 1인분을 따로 포장해 주는 등 기분 좋은 서비스를 하지만 드러남 없이 배려하고 있다.

외식업 초보도 프로가 될 수 있는 4가지 전략

 외식업 창업을 꿈꾸는 초보자들이 성공적인 사업가로 거듭날 수 있는 핵심 전략을 소개한다. 이는 수많은 창업자의 성공과 실패 사례에서 도출된 방법들로 실전에 제대로 적용하기만 한다면 기대보다 더 큰 성공을 불러올 수 있는 핵심적인 비책이다.

1. 철저한 사업계획서 작성은 성공의 첫걸음

사업계획서는 단순한 문서가 아니다. 실제 사업 운영의 청사진이자 성공을 위한 로드맵이다. 나뿐만이 아니고 다른 사람이 봐도 고개를 끄덕일 수 있는 구체적이고 실현 가능한 사업계획서가 필수적이다. '일반 기업도 아니고, 식당을 운영하는데 웬 사업계획서?'라고 의문을 갖는 사람들이 있을 수 있다. 하지만 남들이 잘 하지 않는 일이기 때문에 전략적일수록 오히려 승산이 있다는 것을 간과해서는 안 된다. 독자들의 빠른 이해를 돕기 위해 설렁탕을 예로 들어보자.

사업계획서 작성의 핵심 요소

1) 사업 개요 작성

사업명을 구체적으로 정하고 사업의 성격을 명확히 해야 한다. 예를 들어 설렁탕집을 창업한다면 단순히 "설렁탕 전문점"이 아니라 "전통 한우설렁탕 전문점" 또는 "건강식 설렁탕 전문점"처럼 차별화 포인트를 포함시켜라. 위치로는 구체적인 주소와 함께 유동 인구와 경쟁업소 현황을 함께 기재하고, 사업 목적은 "지역 주민들에게 전통 설렁탕의 진정한 맛과 건강을 제공하여 사랑받는 동네 맛집으로 자리매김한다"처럼 구체적으로 서술하라.

2) 시장 조사 및 경쟁 분석

대상 고객층을 세밀하게 분석해야 한다. 연령대별로는 20~30대 직장인, 40~50대 가족층, 60대 이상 실버층으로 나누고 각 고객층의 특성과 니즈를 파악하라. 경쟁업체 분석에서는 반경 500m 내 유사 업종의 메뉴, 가격, 서비스, 매장 분위기를 비교 분석하고 자신만의 차별화 전략을 수립할 수 있어야 한다. 시장 규모는 해당 지역의 외식 시장 규모와 설렁탕 전문점의 수, 예상 점유율을 수치로 제시하라.

3) 사업 운영 계획

메뉴 구성은 어쩌면 가장 전략적으로 생각해야 하는 파트다. 주력 메뉴인 설렁탕 외에 보조 메뉴로 곰탕, 갈비탕, 육개장, 냉면 등을 포함시키고, 각 메뉴의 예상 판매 비중과 가격을 책정하라. 원재료 조달에 대한 내용에는 한우 사골, 양지, 도가니 등 주요 공급업체와 월간 소요량, 단가를 구체적으로 기재하고 품질 관리 방안도 포함시켜라. 운영 시간은 '오전 11시부터 저녁 9시까지'로 설정하고 '주방 2명, 홀 2명' 등 시간대별 인력 배치 계획을 구체적으로 수립하라.

4) 마케팅 전략

브랜드 차별화는 "50년 전통의 설렁탕", "한우 사골 사용" 등 사실에 기반해 구체적인 포인트를 제시하라. 홍보 계획은 오픈 1개월 전부터의 시기별 계획을 세우고 SNS 마케팅(인스타그램, 블로그), 전단지 배포, 시식 행사 등을 포함시켜라. 입지 전략은 그냥 유동인구 많은 곳, 번화가 등이 아니라 '가시성이 좋은 1층 위치 선택', '주차 공간 3대 이상 확보', '지하철역 도보 5분 이내' 등 구체적인 조건을 명시하라.

5) 재무 계획의 세부 사항

초기 자본금은 '임대료 보증금 5천만 원, 인테리어 비용 3천만 원, 주방 설비 및 집기류 2천만 원, 초기 식자재비 500만 원' 등 항목별로 세분화하라. 월별 매출 목표도 구체적일수록 좋다. '1개월 차 3천만 원에서 6개월 차 5천만 원' 등 단계적으로 설정하고 고정비(임대료, 인건비)와 변동비(식자재비, 가스비)의 비율을 명확히 하라. 손익분기점은 월 매출 3천만 원으로 산정하고 이를 달성하기 위한 일일 매출 목표와 고객 수를 계산하라.

나도 아직까지 새로운 아이템은 반드시 손으로 기록하고, 사업계획서를 작성해보고는 한다.

사업계획서 검토의 중요성

완성된 사업계획서는 친구, 가족, 선배, 외식업 전문가 등 다양한 사람들에게 설명하고 피드백을 받아라. 그리고 각자의 관점에서 나오는 조언과 지적 사항을 반영하여 계속 수정해야 한다. 이 과정이 꼼꼼하고 길수록 실제 창업 후 마주칠 문제점들을 미리 발견하고 해결책을 마련할 수 있어 실패 확률이 낮아진다.

2. 창업 동기를 명확히 하고 마음의 준비를 다져라

외식업 창업은 쉽게 뛰어들 일이 아니다. 명확한 목적의식과 뚝심이 없다면 초기 어려움 앞에서 쉽게 포기하게 된다. 자신만의 확고한 동기를 정립하는 것이 필수다. 어떤 동기가 힘든 상황들을 버티게 했는지 나의 사례를 바탕으로 이야기해 보려 한다.

1) 전통 음식의 가치 실현

설렁탕은 수백 년 역사를 가진 우리나라 전통 음식이다. 이 소중한 자산을 현대적으로 계승하면서도 그 본질을 지키고 싶다는 마음이 동기가 될 수 있다. 건강에 관심이 많은 현대인에게 화학조미료 없는 순수한 사골육수로 만든 설렁탕의 영양가와 건강함을 제공하고 싶다는 목적의식도 주요했다. 단백질과 미네랄이 풍부한 설렁탕을 통해 지역 주민들의 건강 증진에 기여한다는 사명감도 있었다.

2) 안정적인 사업 모델로서의 장점

설렁탕은 연령대를 불문하고 누구나 즐길 수 있는 대중적인 음식이다. 어린아이부터 노인까지, 직장인부터 가족 단위 고객까지 폭넓은 고객층을 확보할 수 있어 안정적인 수요를 기대했다. 또한 설렁탕은 여름에는 보양식으로, 겨울에는 몸을 따뜻하게 할 요량으로 사람들이 찾는 음식이다. 이런 안정성이 창업 아이템으로서의 매력이었다.

3) 전문가로서의 성장 욕구와 성취욕

요리에 대한 진정한 열정이 있다면 설렁탕과 같은 전통 음식을 원형 그대로 구현해 내는 과정에서 큰 성취감을 느낄 수 있다. 직접 사골을 우려내고, 최상의 맛을 내기 위해 연구하는 과정 자체가 즐거움이 되었다. 또한 개인 사업가로서 성공하고 싶다는 야망, 자립하여 경제적 안정을 이루고 싶다는 목표 역시 중요한 동기였다.

4) 시장 기회와 성장 가능성

설렁탕집은 다른 고급 레스토랑에 비해 상대적으로 적은 초기 비용으로도 시작할 수 있다는 장점이 있었다. 적절한 입지만 확보한다면 화려한 인테리어나 고가의 장비 없이도 시작할 수 있다. 또한 설렁탕은 표준화가 비교적 쉬운 음식이어서 성공한 첫 매장을 기반으로 직영점 확장이나 프랜차이즈 사업으로 발전시킬 수 있는 가능성이 크다는 것도 매력적이었다.

매출이 부진할 때, 직원 때문에 문제가 생길 때, 경쟁업체가 나타날 때, 경기 불황 등 요식업 사업가를 괴롭게 하는 일은 쌔고 쌨다. 하지만 이처럼 명확한 동기가 있으면 창업 초기의 어려움을 견디는 원동력이 되고, 왜 이 일을 시작했는지 돌아볼 수 있게 해준다.

3. 현장 경험이 최고의 교육이다

이론적 지식이 아무리 많아도 실제 현장에서의 경험을 대체할 수는 없다. 요식업을 잘한다는 사업가들이 입을 모아 하는 말이 있다. 바로 창업 전 최소 6개월은 유사 업종에서 근무하며 생생한 현장 경험을 쌓으라는 것이다.

유사 업종 근무에서 얻을 수 있는 구체적 경험들

1) 업무 흐름과 운영 시스템 파악

설렁탕집 주방에서 일하면 사골을 우려내는 전 과정을 체험할 수 있다. 뼈를 깨끗이 씻는 방법부터 몇 시간 동안 끓여야 하는지, 언제 거품을 걷어내야 하는지, 어떻게 해야 맑고 진한 육수가 나오는지를 몸으로 직접 체득하지 않으면 절대 맛있는 음식을 만들 수 없다. 또한 최상의 상태로 재료를 관리하는 법도 배우게 된다. 사골은 언제 주문해야 하는지, 양지는 어떻게 보관해야 하는지, 김치와 반찬은 언제 만들어야 하는지 등 세세한 운영 노하우를 익힐 수 있다.

홀 서비스에서 일한다면 손님 응대부터 주문받기, 서빙, 계산까지의 전 과정을 배울 수 있다. 특히 서빙 시에 효율적인 동선이 얼마나 중요한지, 여러 테이블을 동시에 관리하는 요령은 무엇인지 등은 실전 경험 없이는 절대 알 수 없는 지식이다.

2) 메뉴 구성과 고객 반응 파악

실제로 일하면서 어떤 메뉴가 잘 팔리고 어떤 메뉴가 잘 안 팔리는지 파악하는 것은 너무나도 강력한 자산이 된다. 시간대별로 주문 패턴이 어떻게 다른지, 날씨에 따라 매출이 어떻게 변하는지도 관찰할 수 있다. 고객들이 자주 하는 요청 사항(국물 많이, 국수 추가, 김치 리필 등)을 잘 기억해 뒀다가 고객의 니즈를 미리 반영하는 지혜를 발휘할 수 있다.

또한 고객 불만이 주로 어떤 부분에서 발생하는지, 그것을 어떻게 해결하는지도 배울 수 있다. 음식이 늦게 나왔을 때, 맛이 평소와 다를 때, 서비스가 미흡했을 때 등 다양한 상황의 대처법을 익힐 수 있고 그런 경험은 식당 사장에게 든든한 보험이 된다.

3) 원가 관리와 수익성 이해

실제 업무를 하면서 식자재비가 얼마나 차지하는지, 어떻게 하면 음식물 쓰레기를 줄일 수 있는지 등 원가 관리의 실제를 배울 수 있다. 몇 그릇을 팔아야 하루 고정비를 회수할 수 있는지, 어느 시간대가 가장 바쁘고 수익성이 높은지 등을 몸으로 느껴 봐야 냉엄한 현실에서도 버틸 수 있다.

4) 위기 상황 대처 능력 개발

외식업에서는 예상치 못한 일들이 자주 발생한다. 갑자기 식자재가 떨어졌을 때, 주방 장비가 고장났을 때, 홀이 갑자기 만석이 되었을 때 등 하루에도 위기가 몇 번씩 찾아온다. 이런 다양한 위기 상황에서 대처해본 경험은 창업 후 비슷한 상황에 직면했을 때 침착하게 대응하는 데 큰 도움이 된다.

5) 인적 네트워크 구축

동료 직원들, 사장, 단골들과의 관계를 통해 업계의 인맥을 쌓을 수 있다. 특히 식자재 공급업체 정보, 장비 업체 연락처, 인테리어 업체 추천 등 창업에 실질적으로 도움이 되는 정보를 얻을 수 있다. 또한 다른 가게로 이직한 동료들을 통해 업계 동향을 계속 파악할 수 있는 것도 현장 경험의 큰 이점이다.

만일 창업을 염두에 두고 식당에 취업했다면 적극적으로 배우려는 자세를 가지길 바란다. 궁금한 것은 언제든 질문하고, 가능하다면 다양한 포지션에서 일해볼 수 있도록 요청하는 것이 좋다. 주방과 홀을 모두 경험해 보고, 재료 발주나 정산 업무도 기회가 되면 참여해 보라. 매일 업무 일지를 쓰면서 배운 점과 개선 사항을 기록하는 것도 좋은 방법이다.

4. 멘토는 성공의 나침반이다

외식업은 혼자서 모든 것을 감당하기 어려운 복잡한 사업이다. 몸소 부딪히고 깨지며 알아가는 것도 중요하지만 경험 많은 멘토의 조언과 지원은 성공 확률을 크게 높여주는 나침반이 된다.

멘토가 필요한 구체적 이유들

1) 시행착오 최소화

우리는 실패와 성공을 모두 경험한 사람을 보통 멘토라 부른다. 훌륭한 멘토는 창업자가 실수할 법한 부분을 미리 알려주고 검증된 해결 방법을 제시해 줄 수 있다. 예를 들어, 재료 발주 시 주의 사항, 직원 채용 시 체크포인트, 매장 인테리어 시 놓치기 쉬운 부분 등 그가 직접 경험하며 알아낸 노하우는 어디서도 살 수 없는 값진 재산이다.

2) 객관적 관점 제공

창업자는 자신의 생각에 갇히기가 쉽다. 단순한 아이디어나 판단에 지나치게 몰입하고 있을 때, 멘토는 제삼자의 시각에서 객관적으로 상황을 바라보고 냉정하게 조언해 줄 수 있다. 예를 들어, 매출 부진의 원인이 음식 맛인지, 서비스인지, 입지인지를 자신의 경험에 비추어 누구보다 현실적인 어드바이스를 해줄 수 있는 사람이다.

3) 업계 네트워크와 정보 공유

멘토는 오랜 업계 경험을 통해 훌륭한 데이터와 인프라를 쌓아둔 사람이다. 좋은 공급업체 소개, 우수한 직원 추천, 협력업체 연결 등 실질적인 도움을 받을 수 있다. 또한 업계 트렌드나 규제 변화 등 중요한 정보를 열린 시각으로 받아들이게 하는 통로가 된다.

4) 정신적 지지와 격려

창업 과정에서 느끼는 외로움과 불안감은 때로는 사장을 무너뜨리기도 한다. 이때 상황을 이해하고 공감해 주는 멘토가 있다는 것은 축복이다. 어려운 시기에 포기하고 싶을 때 격려해 주고 작은 성과라도 인정해 주는 것은 창업자에게 큰 힘이 된다.

멘토를 만나려면? 그리고 관계를 단단하게 구축하려면?

가장 좋은 방법은 외식업 교육기관에서 공부하면서 강사나 선배, 동기생 중에서 배울 점이 있는 사람을 찾는 것이다. 교육과정을 함께하니 자연스럽게 관계를 맺을 수 있고 따듯한 신뢰 관계를 구축할 수 있다. 이미 성공한 지인의 소개를 받는 것도 좋은 방법이다. 업계 세미나나 콘퍼런스, 외식업 관련 모임에 적극 참여하여 인맥을 넓혀가는 것도 필요하다.

함께할 만한 멘토를 찾았다면 용기 있게 정기적인 만남을 제안하는 것도 좋다. 월 1, 2회 정도 만나서 현재 상황을 공유하고 조언을 구하는 것이 안정적이다. 다만 이 만남이 단순한 친목이 아니라는 것을 잊지 말라. 멘토의 시간을 무조건 소중히 여기고, 만날 때마다 구체적인 질문이나 상담하고 싶은 내용을 미리 준비해 가는 것이 좋다.

그렇다면 멘토에게 어떤 가르침을 받을 것인가? 목적 없는 만남은 서로 기운만 빼는 일이 될 수도 있다. 따라서 내 상황에 맞춘 아젠다를 선별할 수 있어야 한다. 준비 단계에서는 사업계획서 검토, 입지 선정 조언, 자금 조달 방법 등을 상담받을 수 있다. 창업 초기에는 운영상 문제점 해결, 마케팅 전략 수립, 직원 관리 방법 등에 대한 조언을 듣는 것이 좋다. 사업이 안정화된 후에는 확장 계획, 메뉴 다변화, 시스템 개선 등에 대한 가이드를 받을 수 있다.

준비 '된'이 아닌, 준비 '한' 자만이 성공한다

외식업 초보에서 프로로 성장하는 길은 절대 쉽지 않다. 수많은 어려움이 당신이 포기하기만을 기다리고 있다. 하지만 앞서 말한 4가지 전략을 체계적으로 실행한다면 성공은 점점 더 가까워진다.

첫째, 철저한 사업계획서는 우리의 사업이 명확한 방향성을 갖고 체계적으로 운영될 수 있게 하는 나침반이다.

둘째, 명확한 창업 동기는 어려운 시기에도 초심을 잃지 않도록 하는 가장 강한 원동력이자 구심점이 된다.

셋째, 현장 경험의 힘은 위대하다. 책에서는 절대 배울 수 없는 생생한 노하우와 장사 감각을 키워준다.

넷째, 좋은 멘토는 혼자서는 해결하기 어려운 문제들을 함께 풀어가 주는 귀한 사람이다.

외식업계는 냉엄하다. 그 현실을 바로 알고 4가지 전략에 따라 계획하고 실천하라. 성공은 내가 만드는 것이며 기회의 문 역시 내가 직접 여는 것이다. 준비는 어쩌다 '되는' 게 아니라 치열하게 '하는' 것임을 잊지 않아야 한다.

멘토를 만날 수 있는 교육과정 소개

앞서 '좋은 멘토'를 만나기 위해서는 외식업 교육과정을 듣는 것이 좋다고 말한 바 있다. 훌륭한 강사와 커리큘럼을 갖춘 기관들이 많지만 그중에서도 많은 사람에게 회자되고 영향력이 검증된 몇 가지 교육과정을 소개한다.

1. '장사는 전략이다' 심화 과정(일명 장전, 김유진 아카데미)

국내 최고의 수강생 수료 실적과 교육 기간을 자랑하는 외식업 창업 교육의 대표 프로그램이다.

주요 교육 내용(커리큘럼)	특장점
• 상권 분석 및 입지 선정 전략 • 메뉴 개발 및 가격 정책 수립 • 매장 운영 관리 시스템 구축 • 외식업 창업 전반의 실무적 절차 • 창업 컨설팅 실습	• 국내 최고의 수강생 수료 실적과 교육 기간 보유 • 외식업 창업에 필요한 실질적이고 체계적인 지식 전달 • 창업 준비 전 과정에 대한 종합적 지도 • 현장 경험이 풍부한 전문 강사진 • 실전 위주의 교육으로 즉시 적용 가능한 노하우 습득

2. 외식산업 CEO 심화 과정(월간식당)

외식업계 오피니언 리더들이 가장 신뢰하는 최고 수준의 경영자 교육 프로그램으로, 리더십부터 외식 트렌드, 브랜딩까지 산업 전반의 지식을 다룬다.

주요 교육 내용(커리큘럼)	특장점
• 외식산업경영 솔루션 • 저성장 시대 외식산업의 생존 전략 • 국내외 경제 전망 • 스마트 리더십 • 리더의 내면 관리 • 브랜드 차별화 전략 • 브랜드 경험 디자인 • 세무법과 절세전략 외	• 2008년부터 850여 명 이상 수료생 배출 • 12주 48시간 체계적 교육과정 • 2박3일 해외연수 포함 • 정기 네트워킹 행사 운영 • 지속적인 동문 교류 기회 • 교육비 : 500만 원 • 모집인원 : 30명 내외

3. 인공지능 & 상권 분석 전문가 과정(김영갑 교수)

대한민국 최초로 인공지능과 상권 분석을 동시에 배울 수 있는 혁신적인 교육 프로그램이다.

주요 교육 내용(커리큘럼)	특장점
• 인공지능을 활용한 상권 분석 기법 • 빅데이터 기반 통계분석 방법론 • 수학·통계학 없이 가능한 고급 상권 분석 • AI 도구 활용 실습	• 대한민국 최초 AI와 상권 분석 융합 교육 • 빅데이터 활용 실무 중심 교육 • 김영갑 교수 직접 강의 • 교육비 : 220만 원 • 이론과 실습 동시 진행

4. 중간계 캠퍼스(신병철 박사)

사업의 신이라 불리는 신병철 박사가 직접 지도하는 장사의 A to Z. 자영업자 맞춤 교육의 최고봉이다.

주요 교육 내용(커리큘럼)	특장점
• 외식업 창업 준비 과정 • 창업 아이템 선정 • 상권 분석 • 자금 조달 방법 • 마케팅 및 고객 관리 • 소셜미디어·오프라인 마케팅 • 고객 데이터 분석 • 가맹점주 관리 외	• CJ그룹 최연소 부사장 출신 지도자 • 현 배달의 민족 CAO • 세계 마케팅 저널에 논문 등재된 권위자 • 실전 창업 사례 중심 교육 • 저비용 고효율 마케팅 노하우

5. 신한 SOHO 사관학교

신한은행이 제공하는 자영업자 맞춤 교육으로, 금융서비스가 결합된 차별화된 프로그램이다.

주요 교육 내용(커리큘럼)	특장점
• 브랜딩 및 홍보 전략 • 소상공인 대상 금융 지원 제도 • 자영업자 필수 법률 교육 • 창업 단계별 맞춤 교육 • 실전 창업 체험 및 시뮬레이션	• 신한은행 금융서비스 연계 혜택 • 30여 명 대상 집중 교육 • 1:1 전문가 멘토링 제공 • 다양한 업종 네트워킹 • 정기 세미나 운영 • 교육 후 지속적 컨설팅 • 예비 창업자부터 기존 소상공인까지 가능

식당 사장이 꼭 가봐야 할 맛집들

"한 그릇에 담긴 철학과 노하우을 배운다."
 내가 유명 맛집을 갈 때마다 하는 생각이다. 요즘 식당은 단순히 '맛있는 집'을 넘어서 고객 경험 전체를 설계하는 공간이 되었다. 좋은 식당은 메뉴 하나, 간판 하나에도 철학이 배어 있다. 이 리스트는, 내가 직접 맛보고 현장에서 느낀 '배울 점이 있는 맛집'들을 특별히 선별한 것이다. 나도 갈 때마다 감동을 듬뿍 느끼고 돌아오는 진짜 실력자들이다. 단골을 만드는 디테일, 음식의 본질을 지키는 고집, 차별화된 시스템까지 외식업을 준비하는 사장님께는 살아 있는 교과서가 되어줄 것이다.

[국밥·탕반류]

1. "국밥 위의 국밥집" _ 밀양돼지국밥

주소 : 경남 김해시 인제로 91 밀양돼지국밥
영업시간 : 09:00~21:30(일요일 휴무)
전화번호 : 055-337-1790

국물은 뽀얗고 진하지만 느끼하지 않고 고소한 맛이 깊게 밴다. 부추겉절이와의 조화가 훌륭하며 육수의 온도감과 간이 정확하게 맞아떨어진다. 전체적으로 조리 공정이 안정적이며 한 그릇에 주인의 노력이 느껴지는 집이다.

벤치마킹 포인트

- 뚝배기 밑에 그릇을 대어 온도 유지
- 삼겹 수육과 오소리감투의 식감 조합
- 파 양념장을 활용한 차별화
- 철저한 핏물 제거와 잡내 제거 공정
- 윤기 있는 공깃밥과 깔끔한 김치
- 셀프 숭늉 제공으로 식사 마무리까지 설계됨

[국밥·탕반류]

2. "건강한 고집, 고품질 추어탕" _ 청담추어정

주소 : 경기 성남시 수정구 여수대로56번길 3(본점)
영업시간 : 10:00~21:00
전화번호 : 031-757-1977

추어탕을 고급 한식처럼 정갈하게 풀어낸 집이다. 상황버섯차, 강황밥, 유자연근 등 하나하나의 구성에 분명한 의도가 담겨 있다. 브랜드의 힘, 맛, 공간, 서비스까지 모든 요소의 조화가 훌륭한 실력 있는 식당이다. 지점이 여러 곳 있으나 나는 맛과 서비스의 본질을 느낄 수 있는 본점을 추천한다.

벤치마킹 포인트

- 반찬 셀프바 운영으로 고객 만족도 극대화
- 국내산 미꾸라지와 시래기, 상황버섯 등 고급 재료 사용
- 깔끔한 놋그릇 플레이팅과 세련된 인테리어
- 강황밥과 유자연근 등 시그니처 메뉴 구성
- 택배·포장 상품화 및 상황버섯차 제공 등 부가 수익 구조

[국밥·탕반류]

3. "서울식 해장의 성지" _ 무교동북어국집

주소 : 서울 중구 을지로1길 38
영업시간 : 평일 07:00~20:00 / 토·일 07:00~15:00
전화번호 : 02-777-3891

　단일 메뉴 전문점으로 운영 효율성과 맛의 일관성이 뛰어나다. 북엇국 자체도 훌륭하지만 오이지와 부추 등 반찬 구성까지도 균형이 잡혀 있다. 무한 리필과 커스터마이징 주문이 가능한 시스템도 외식업의 모범이다.

벤치마킹 포인트

- 북엇국 단일 메뉴에 집중한 운영 전략
- 재고 부담 없는 간결한 구조
- 국물, 건더기, 밥 무한 리필로 고객 만족
- 2층 공간을 숙소로 활용, 임대 효율 최적화
- 직장인 대상 입지 선정 및 회전율 확보
- 포장 판매의 수요 집중

[한정식·가정식 백반]

4. "반찬으로는 전국 최강 맛집" _ 강민주의 들밥

주소 : 경기도 이천시 마장면 지산로22번길 17(본점)
영업시간 : 11:00~20:00 (브레이크 타임 16:00~17:00)
전화번호 : 0507-1315-6040

이천 쌀과 정성 들인 반찬들이 만드는 조화로운 한상차림이 인상 깊다. 가지튀김 하나에도 섬세한 손맛이 느껴지고 식사의 밀도가 굉장히 높다. 반찬으로 승부를 보려는 사장님이라면 이 집은 반드시 가봐야 한다. 아니, 맛봐야 한다. 줄을 서서 기다릴 수밖에 없는 이유가 있는 집이다. 전국에 지점이 있으나 본점에 가서 맛의 정수를 느껴보기 바란다.

벤치마킹 포인트

- 다양한 반찬을 마음껏 먹을 수 있는 셀프바 운영
- 이천 쌀 가마솥 밥 제공으로 밥의 품질 차별화
- 깔끔하고 편안한 인테리어
- 주방 효율화를 위한 자동화 장비 도입
- 반찬·곡물·김 등 부가 상품 판매로 추가 매출
- 빠른 음식 제공과 높은 회전율
- 완성도 높은 브랜딩과 운영 개선 이력
- 보성녹차 제공 등 디테일로 고객 만족도 제고

[한정식·가정식 백반]

5. "보리밥의 끝판왕, 스토리텔링의 힘" _ 청주 대산보리밥

주소 : 충북 청주시 서원구 성화로69번길 43-23
영업시간 : 10:50~21:00(수·목 정기 휴무/브레이크 타임 15:00~17:00)
전화번호 : 0507-1342-7017

상차림의 완성도가 뛰어나며 반찬마다 철학이 느껴지는 집이다. 청국장부터 약고추장까지, 밥과 함께 먹는 구조가 아주 잘 짜여 있다. 그동안의 폐업 경험을 스토리로 풀어낸 홍보물도 눈길을 끈다. 고객을 위한 세심한 구성과 폐업 경험마저 브랜딩에 활용하는 창업자의 태도 모두 본받을 점이 많다.

벤치마킹 포인트

- 한정식 수준의 푸짐한 상차림
- 다양한 보리밥 조합과 직접 짠 참기름 제공
- 보쌈, 고등어구이, 피자 등 온 가족을 위한 메뉴 구성
- 임산부·군인·생일 손님 대상 서비스 메뉴 제공
- 휴게실 간식 제공으로 대기 고객 관리
- 명함 이벤트를 통한 재방문 유도 시스템

[고기·생선 기반 상차림]

6. "돼지갈비에 혼을 담은 상차림의 완성" _ 오동추야

주소 : 경기 이천시 증신로 160
영업시간 : 11:00~22:00(점심특선 11:00~14:00)
전화번호 : 0507-1413-9312

고깃집에서 이렇게 정갈한 상차림은 드물다. 육회와 육전, 놋그릇 플레이팅까지 완벽하게 준비되어 있다. 점심 특선의 가성비, 후식 코너의 완성도까지, 고객이 어떤 선택을 해도 후회가 없도록 메뉴와 식사 경험이 잘 설계된 집이다. 30년이 넘는 운영 노하우가 공간 곳곳에서 느껴진다.

벤치마킹 포인트

- 육회, 육전 등 고급 반찬 제공으로 상차림 강화
- 250g 돼지갈비 + 된장찌개 + 자가제면 냉면 포함
- 멜라민 대신 놋그릇·도자기 사용으로 고급스러운 연출
- 후식 공간에 손님이 직접 만들어 먹는 재미가 있는 슬러시, 아이스크림, 뻥튀기 등 준비
- 점심 특선을 통한 고정 수요 확보
- 가족 단위 고객을 위한 삼대가 즐길 수 있는 구성

[고기·생선 기반 상차림]

7. "화덕 생선구이의 교과서" _ 산으로 간 고등어

주소 : 경기 용인시 수지구 고기로 126
영업시간 : 10:50~21:00(브레이크 타임 15:50~17:00)
전화번호 : 0507-1306-6823

화덕에 고등어를 구운 방식이 매우 인상 깊다. 겉은 바삭하고 속은 촉촉하며 생선 사이즈도 큼직해 푸짐함이 확실하다. 무엇보다 반찬 하나하나에 정성이 느껴져 밥상 전체에 대한 신뢰가 생기는 집이다. 직관적으로 구워지는 생선을 보여주는 연출력도 뛰어나다.

벤치마킹 포인트

- 생선 비린내를 줄여주는 산나물 곁들임과 건강한 구성
- 대량 구매를 통한 원가 절감 및 가성비 실현
- 사전 주문 시스템으로 회전율 극대화
- 홀에서 화덕 연출 + 셀프바 비주얼 구성
- 유니폼 등으로 전문성 강조
- 생선구이 포장 판매 및 택배로 부가 수익 창출

[일식 오마카세]

8. "가성비 일식 오마카세의 정석" _ **가미(佳味)**

> 주소 : 부산 해운대구 센텀1로 9 S동 212호
> 영업시간 : 17:50~21:30(일요일 휴무)
> 전화번호 : 051-746-5252

정통 일식의 기본 위에 실험적 감각이 얹힌 집이다. 자왕무시 같은 스타터부터 마무리까지 구조가 탄탄하게 짜여 있다. 재료에 대한 이해도, 손질, 서비스 품질이 고루 우수하고 가성비 또한 탁월하다. 오마카세가 처음인 사람이라도 한 번 맛보면 가격이 저렴하다고 생각할 것이다. 이런 매장은 단골층이 형성될 수밖에 없다.

벤치마킹 포인트

- 고급 오마카세를 1인 9만 원대로, 품질과 맛에 비해 합리적인 가격 세팅
- 계절 식재료 활용한 메뉴 변주로 다양성 확보
- 손질 서비스와 코멘트 제공 등 고객 맞춤 서비스
- 고급 식재료를 푸짐하게 제공
- 기념일·단골층 중심 운영 전략

[퓨전 및 웰빙]

9. "샐러드 피자의 시대를 연 집" _ **인딕슬로우**

> 주소 : 서울 강남구 압구정로4길 13(가로수길점) / 서울 송파구 백제고분로45길 28 벤도치빌딩 2층(송리단길점)
> 전화번호: 0507-1410-0588(가로수길점) / 0507-1440-0298(송리단길점)

건강식을 중심으로 글로벌 메뉴를 재해석한 시도가 흥미롭다. 샐러드를 중심으로 구성한 피자는 기존 피자 소비층 외에 새로운 수요층을 끌어올 수 있다. 건강식이라는 명분과 트렌디한 구성의 결합이 외식의 새로운 흐름이 될 수 있다는 가능성을 보여준 매장이다.

벤치마킹 포인트

- 세트 메뉴에 피자 한 판을 무료 제공하는 마케팅 전략
- 저칼로리, 고영양 샐러드 피자를 메인 메뉴화
- 카레+샐러드피자 조합으로 식사의 다양성 확보
- 시즌별 오마카세식 피자 운영 가능성
- 건강식 기반 브랜딩으로 신규 타깃 유입